U0553307

BLUE BOOK

智 库 成 果 出 版 与 传 播 平 台

工业和信息化蓝皮书

BLUE BOOK OF INDUSTRY AND INFORMATIZATION

数字化转型发展报告（2022~2023）

ANNUAL REPORT ON THE DEVELOPMENT OF DIGITAL
TRANSFORMATION (2022-2023)

组织编写／国家工业信息安全发展研究中心

主　编／赵　岩

社会科学文献出版社
SOCIAL SCIENCES ACADEMIC PRESS (CHINA)

图书在版编目（CIP）数据

数字化转型发展报告 . 2022-2023 / 赵岩主编 . --
北京：社会科学文献出版社，2023.9
（工业和信息化蓝皮书）
ISBN 978-7-5228-2095-8

Ⅰ . ①数…　Ⅱ . ①赵…　Ⅲ . ①工业企业管理-数字化
-发展-研究报告-中国-2022-2023　Ⅳ . ①F425-39

中国国家版本馆 CIP 数据核字（2023）第 124101 号

工业和信息化蓝皮书

数字化转型发展报告（2022~2023）

组织编写／国家工业信息安全发展研究中心
主　　编／赵　岩

出 版 人／冀祥德
组稿编辑／邓泳红
责任编辑／宋　静
责任印制／王京美

出　　版／社会科学文献出版社 · 皮书出版分社（010）59367127
　　　　　地址：北京市北三环中路甲 29 号院华龙大厦　邮编：100029
　　　　　网址：www.ssap.com.cn
发　　行／社会科学文献出版社（010）59367028
印　　装／天津千鹤文化传播有限公司

规　　格／开本：787mm×1092mm　1/16
　　　　　印张：18　字数：231 千字
版　　次／2023 年 9 月第 1 版　2023 年 9 月第 1 次印刷
书　　号／ISBN 978-7-5228-2095-8
定　　价／158.00 元

读者服务电话：4008918866

工业和信息化蓝皮书
编 委 会

《数字化转型发展报告（2022~2023）》
编　写　组

课题编写　国家工业信息安全发展研究中心信息化所

组　　长　何小龙

副 组 长　马冬妍　唐旖浓

编写人员　王庆瑜　王　丹　张　磊　巴旭成　王　琦
　　　　　　付宇涵　师丽娟　李立伟　高欣东　左　越
　　　　　　邵明堃　崔学民　张宏博　马路遥　赵珏昱
　　　　　　崔佳星　王文娟　刘丽娟　杨若阳　全胡洋
　　　　　　孙玉龙　金　辉　胡雪莹　孟　琦　陆江楠
　　　　　　韩　宇　孙　波　梁　瞳　苏泳睿　张佳乐
　　　　　　张翕婷

主编简介

赵　岩　国家工业信息安全发展研究中心主任、党委副书记，高级工程师，第十四届全国政协委员。全国信息化和工业化融合管理标准化技术委员会副主任委员、中央网信办专家委委员、工业和信息化部电子科学技术委员会常委、工业和信息化部工业互联网战略咨询专家委员会委员。

长期致力于网络安全、数字经济、两化融合、新一代信息技术产业生态、科技管理等领域的政策研究、产业咨询、技术创新和行业管理工作，主持和参与多项国家和省级规划政策制定，主持多项国家科技安全专项、重大工程专项和国家重点研发计划，公开发表多篇文章。撰写《中国 IT 产业发展报告》等多部报告，编著《腾云驾物：工业互联网解决方案落地》等多部图书，主编工业和信息化蓝皮书。

国家工业信息安全发展研究中心简介

国家工业信息安全发展研究中心（工业和信息化部电子第一研究所）成立于 1959 年，是工业和信息化部直属事业单位。经过 60 多年的发展与积淀，中心以"支撑政府、服务行业"为宗旨，构建了以工业信息安全、产业数字化、软件和知识产权、智库支撑四大板块为核心的业务体系，发展成为工业和信息化领域有重要影响力的研究咨询与决策支撑机构，国防科技工业、装备发展领域技术基础核心情报研究机构。

中心业务范围涵盖工业信息安全、两化融合、工业互联网、软件和信创产业、数字经济、国防电子等领域，提供智库咨询、技术研发、检验检测、试验验证、评估评价、知识产权、数据资源等公共服务，并长期承担声像采集制作、档案文献、工程建设、年鉴出版等管理支撑工作。拥有 2 个国家质检中心、6 个工业和信息化部重点实验室，具有等保测评、商用密码安全性评估、信息安全风险评估、电子数据司法鉴定等资质。牵头（或参与）承担了上百项国家重点研发计划、工业转型升级专项、制造业高质量发展专项、基础科研重大工程等重大专项。

"十四五"时期，中心将深入贯彻总体国家安全观，统筹发展和安全，聚焦主责主业，突出特色、整合资源，勇担工业信息安全保障主责，强化产业链供应链安全研究支撑，推进制造业数字化转型，支撑服务国防军工科技创新，着力建设一流特色高端智库、一流工业信息安全综合保障体系，构建产业数字化解决方案供给、关键软件自主可控、全链条科技服务等三大服务体系，打造具有核心竞争力的智库支撑、公共服务、市场化发展等三种能力，发展成为保障工业信息安全的国家队、服务数字化发展的思想库、培育软件产业生态的推进器、促进军民科技协同创新的生力军，更好地服务我国工业和信息化事业高质量发展。

公众号：国家工业信息安全发展研究中心

序

当今世界，新一轮科技革命和产业变革深入发展，5G、人工智能、区块链等数字技术加速突破，与实体经济深度融合，推动生产方式、发展模式和企业形态发生根本性变革，成为引领经济社会发展的重要力量。世界主要国家和地区纷纷制定发布数字经济、先进制造业等发展战略，加强前瞻谋划，明确发展重点，强化政府引导和政策支持，抢占竞争制高点，夺取发展主动权。与此同时，全球产业结构和布局进入深度调整阶段，产业链供应链分工和布局逻辑正从效率优先向安全优先转变，以美国为首的西方国家不断加大"脱钩断链"的力度，产业链供应链本地化、区域化、多元化趋势更加明显。正如习近平总书记所判断的，"世界进入新的动荡变革期"。

面对严峻复杂的外部环境，我国制造业规模已连续 13 年居世界首位，正处在由制造大国、网络大国向制造强国、网络强国转变的关键时期。2022 年 10 月，党的二十大胜利召开，擘画了全面建设社会主义现代化国家、以中国式现代化全面推进中华民族伟大复兴的宏伟蓝图，提出到 2035 年基本实现新型工业化，强调坚持把发展经济着力点放在实体经济上，推进新型工业化，加快发展数字经济，促进数字经济和实体经济深度融合。这为我国工业和信息化事业发展指明了前进方向、提供了根本遵循。我国工业经济规模大、数字经济规模位居全球第二，加快推进新型工业化，促进数字经济和实体经济深度融合，将催生更大范围、更宽领域、更深层次的数字化应用场景和转型市场，为我国经济持续快速增长创造更多可能。

5G 作为通信网络，是数实融合的基础底座，大量数字化应用都需要由网络支撑。5G 商用牌照发放四年多来，我国 5G 商用走在了全球前列。截至 2023 年 6 月底，累计建成 5G 基站近 300 万个，占移动基站总数的 26%，覆盖所有地市级城区和县城城区；5G 移动电话用户数达 6.76 亿户，约占移动电话用户的四成。在融合应用方面，5G 应用已融入 60 个国民经济大类中，应用案例累计超过 5 万个，特别是工业领域的 5G 应用已逐步深入生产经营核心环节。但现在在应用上，还没有完全体现出 5G 的能力，5G 的优势还没有完全发挥。5G 发展到了关键拐点。无论是消费需求，还是工业需求，均对大带宽、低时延、高可靠等技术指标提出了要求，需要 5G-Advanced 来破局。5G-Advanced 将通过"十倍带宽、十倍连接数、十倍定位精度、十倍能效改进"四个维度，进一步开发和释放 5G 网络潜能，产生更大的社会和经济价值。

2022 年 12 月 1 日，OpenAI 公司开展了基于 GPT-3 的聊天机器人 ChatGPT 开放测试。ChatGPT 凭借高质量的内容回答迅速走红。上线 5 天后就发展了超百万用户，成为传统搜索引擎的有力竞争对手。ChatGPT 的上线，标志着生成式人工智能发展到了一个新阶段，下一步将朝着通用人工智能（AGI）发展。人工智能生成内容（AIGC）作为基于大规模数据训练的大模型，将颠覆现有内容生产模式，能够以十分之一的成本实现百倍千倍的生产速度，创造出具有独特价值和独立视角的内容。AIGC 不仅可用于内容生成，其具有的新思路和新方式也可以应用于工业领域。基于训练 ChatGPT 的原理，利用行业与企业的知识图谱进行深度训练，可以开发出各类面向行业应用的模型，使大模型在产业上落地见效，在面向各行各业的应用中培养更多的人才。

当然，ChatGPT 等 AI 大模型的成功运行，离不开算力水平的大幅提升。作为数字经济时代新的生产力，算力及其产业正迅速发展。按 2022 年底的数据，美国占全球算力的 36%，中国占 31%，现有算力总规模与美国相比有差距但不大，而以 GPU 和 NPU 为主的智能算力规模，中国明显大于美国。近年来我国支持算力基础设施强算赋能，打造云网融合、算网一体的网络架构和算力供给体系。如今，算力已应用于交通、政务、医疗、教育等多个场景，让数字化应用走进千家万户、千行百业。2023 年 2 月，中共中央、国务院印发《数字中国建设整体布局规划》，特别提到要"系统优化算力基础设施布局，促进东西部算力高效互补和协同联动，引导通用数据中心、超算中心、智能计算中心、边缘数据中心等合理梯次布局"，统筹推进全国算力均衡发展。

除算力外，AI 大模型的核心要素还包括数据。数据是驱动数字经济高质量发展的关键生产要素，不仅在我们的生产生活中发挥着越来越重要的作用，更是在产业数字化转型过程中扮演着不可或缺的角色。随着各行业数字化转型升级进程加快，全社会数据总量爆发式增长，数据资源迅猛扩张，我国已成为名副其实的数据资源大国。2022 年我国数据产量达 8.1ZB，同比增长 22.7%，全球占比达 10.5%，位居世界第二。截至 2022 年底，我国数据存储量达 724.5EB，同比增长 21.1%，全球占比达 14.4%。叠加丰富应用场景优势，我国数据要素市场化改革将不断加快，进一步推动各行业各领域深化数据要素的开发与利用，释放数据要素价值，赋能实体经济，增强经济发展新动能。

数字化转型是数实融合的核心、企业发展的必由之路，也是应对当前和今后国际形势不确定性的战略选择。对于企业来说，数实融合可在数字化进程的任一阶段切入，不论处于工业 2.0 还是 3.0 的企业，都可开始这一进程。企业不可能也不需要在产业链全部环节同时起步推进数字化转型，从研发、设计、制造、供应、检测、仓储、市场、售后等任何环节的切入都会有相应效果。当前，以云服务来加速数字化转型成为各行业共识，企业使用多云成为必然趋势，企业可从多云供应商中获取竞争性的优惠服务，实现业务多样性和提供差异化的服务，确保合规性。截至2023年3月底，全国企业工业设备上云率达18.11%，工业互联网平台应用普及率达23.32%，重点工业企业关键工序数控化率达59.40%。

数实融合在推动产业数字化的同时，也将激励数字产业化的创新，并开拓更大的发展空间。2023年上半年，我国软件业务收入超过5.5万亿元，信息技术服务收入3.66万亿元，为数实融合发展奠定了坚实的产业和技术基础。人工智能、大数据、区块链、云计算、网络安全等新兴数字产业加快发展，截至2022年，我国大数据产业规模达1.57万亿元，人工智能核心产业规模达5080亿元，云计算产业规模超过3000亿元，全球市场占比达14.6%，年均增速超过30%。以新一代信息技术和高端装备为主导的国家先进制造业集群率先突破，25个重点先进制造业产业集群主导产业产值近10万亿元，集聚规上企业2.5万家。

与数字化发展一样，绿色低碳发展是全球可持续发展大趋势。对我国来说，加快工业绿色低碳发展也是推进新型工业化的重要举措。目前，已有130多个国家提出碳中和承诺，覆盖了全球88%的二氧化碳排放、90%的GDP和85%的人口，我国承诺将力争在2030年前达到碳排放峰值，努力争取2060年前实现碳中和。在"双碳"目标的引领下，工业绿色低碳发展全面推进，十年来规模以上工业单位增加值能耗累计下降超过36%，钢铁、原铝、水泥熟料等单位产品能效处于世界先进水平，绿色发展理念深入人心。新能源汽车产业保持良好发展态势，生产和销售实现稳定增长。截至2023年7月，我国新能源汽车生产累计突破2000万辆，产销量已经连续8年位居全球第一。

　　2023 年是全面贯彻党的二十大精神的开局之年，是实施"十四五"规划承上启下的关键一年。工业和信息化领域是实体经济的重点，更是数字经济和实体经济融合发展的主战场。值此之际，国家工业信息安全发展研究中心推出 2022~2023 年度"工业和信息化蓝皮书"，深入分析研判数字经济、数字化转型、人工智能、新兴产业、工业绿色低碳等重点领域的最新态势和发展趋势。相信读者能从蓝皮书新颖的观点、深入的分析、翔实的数据和丰富的案例中有所收获，更全面地理解和把握当前工业和信息化领域的发展形势、机遇和挑战，加快推进新型工业化，建设制造强国和网络强国，共同谱写新时代中国特色社会主义更加绚丽的华章。

　　是为序。

摘　要

当前，新一代信息技术与制造业融合发展已经进入创新突破、深入渗透、扩散应用的加速发展期，制造业生产方式和企业形态正在加速变革与重构，企业数字化转型发展的新模式新业态持续涌现。《数字化转型发展报告（2022～2023）》在总结我国制造业数字化转型实践经验与应用成效的基础上，重点研究我国制造业数字化转型中综合性、全局性、前瞻性的课题，为我国制造业数字化转型发展提出可行性建议。

本报告主要从我国数字化转型的总体发展现状和趋势、理论体系构建与应用、行业与区域实践以及重点领域探索等方面，研究分析了近年来我国数字化转型的主要进展及成效，共包括 5 部分 15 篇文章。本报告研究表明，互联网、大数据、云计算、人工智能、区块链等新一代信息技术的融合应用，不断为我国经济社会高质量发展注入新的活力，以数字化转型加快推进新型工业化意义重大。目前，我国制造业数字化转型已步入快速发展轨道，产业总体发展成效显著，理论体系建设不断完善，行业区域实践持续深化，重点领域探索走深向实。

产业总体发展方面，信息技术发展领域融合应用水平稳步提升，国家重点布局的先进制造业持续发展壮大，新型工业化发展进程不断加快。理论体系建设方面，企业数字化转型分级分类评价体系不断完善与推广，云制造应用模式加快发展且成效逐渐显现，数字化转型场景标准化建设机制与方法逐步探索形成。行业实践应用方面，冶金行业围绕数字基础、数据治理、产业集聚、绿色低碳等推进数字化转型，石化行业聚焦设备管理、生产优化、供应链协同、安全风险管控等加快数字化应用，电子信息行业基于高新技术优势着力提升产业配套、精密管理、技术创新等数字化能力。区域实践应用方面，江苏以智能化改造和数字化转型促进全省制造业高质量发展，河北以工业互联网创新发展促进工业整体转型升级，内蒙古以两化深度融合为引领形成数字化转型特色路径模式，新疆生产建设兵团聚焦重点行业及新模式应用精准推进数字化转型发展。重点领域探索方面，企业数字化转型金融风险评价模型的构建与应用为进一步深化产融合作提供了理论支持，智慧园区的创新建设对于园区"生态圈"发展和园区企业整体转型升级具有重要意义。

关键词： 数字化转型　新型工业化　新一代信息技术

目 录 ⟩⟩

Ⅰ 总报告

Ⅱ 理论篇

Ⅲ 产业篇

Ⅳ 区域篇

Ⅴ 专题篇

皮书数据库阅读**使用指南**

总 报 告

General Reports

B.1

以数字化转型加快推进我国新型工业化[*]

马冬妍　唐旖浓　王庆瑜[**]

摘　要： 近年来，互联网、大数据、云计算、人工智能、区块链等新一代信息技术加速突破，不断为我国经济社会高质量发展注入新的活力。党的二十大报告作出推进新型工业化的重大战略部署，强调加快建设制造强国、网络强国和数字中国，促进数字经济和实体经济深度融合。在此背景下，加快推进产业数字化转型，能够有效促进新一代信息技术与制造业融合发展，全面提升我国产业创新力、竞争力和抗风险能力，推动新型工业化步伐不断加快，为全面建成

---

[*] 如无特殊标注，本文图表数据来源于两化融合公共数据平台（www.cspiii.com）。

[**] 马冬妍，国家工业信息安全发展研究中心信息化所所长，高级工程师，从事两化融合、工业互联网、数字化转型相关领域研究；唐旖浓，国家工业信息安全发展研究中心信息化所副所长，从事两化融合、工业互联网、数字化转型相关领域研究；王庆瑜，国家工业信息安全发展研究中心信息化所工程师，资深研究员，从事两化融合、数字化转型相关领域研究。

社会主义现代化强国提供强大的物质基础、技术支撑和精神动力。本文深入阐述了以数字化转型加快推进新型工业化的重大意义，系统总结了我国在数字化创新能力建设、工业互联网融合赋能、新产品新模式新业态和数字化转型生态构建等方面取得的显著成效，并聚焦方法体系、技术体系、服务体系、生态体系，提出了以数字化转型驱动新型工业化发展的工作建议，为推动工业化与信息化在更广范围、更深程度、更高水平上实现融合发展提供理论支撑。

关键词： 数字化转型　新型工业化　数字经济　实体经济

近年来，党中央、国务院高度重视制造业数字化转型发展，加快推动数字经济和实体经济融合。党的二十大报告明确指出，坚持把发展经济的着力点放在实体经济上，推进新型工业化。2023年全国两会更为2023年及未来一段时间，我国推动高质量发展、建设现代化产业体系、推动制造业发展等工作指明了前进方向，如2023年政府工作报告所提出的，要加快传统产业和中小企业数字化转型，着力提升高端化、智能化、绿色化水平。

一　以数字化转型加快推进新型工业化意义重大

当前，从数字化角度来看，世界经济正在进入以新一代信息技术为主导的快速发展时期，数字化转型已成为大势所趋。而从制造业角度来看，我国制造业正处于全面提档升级的关键阶段，转型需求迫切，发展空间广阔，带动效应巨大，是推进数字化转型当仁不让的主战场。因此，对我国而言，大力推进制造业数字化转型、加快推进新型工业化意义重大。目前，美、欧、日、韩等发达经济体已在此方面进行了差异化的战略布局。

（一）制造业数字化转型是走好新型工业化道路的必然要求

我国在工业化还没有完成的情况下全面抢抓信息化发展先机，探索并形成了以两化融合为特征的新型工业化道路，不断推动制造业由小变大，取得了历史性成就。随着新一轮科技革命和产业变革不断深入，制造业数字化转型已逐渐成为两化融合在新发展阶段的主要任务，加快推进我国制造业数字化转型，促进制造业向数字化、网络化、智能化持续演进升级，将推动我国信息化和工业化在更广范围、更深程度、更高水平上实现融合，也必将推动我国新型工业化发展向更高水平迈进。

（二）制造业数字化转型是拓展竞争新优势的战略选择

新一代信息技术的蓬勃发展，第四次工业革命加速演进，为世界各国制造业发展带来新的机遇。对于我国而言，制造业数字化转型则提供了与发达国家竞争并赶超的重要窗口期。加快推进制造业数字化转型，不仅有助于深化新一代信息技术与制造业融合发展，促进制造业高端化、智能化、绿色化发展，也将推动传统产业向中高端迈进，同时培育壮大新兴产业。最终，打造我国制造业国际竞争的数字化新优势，实现"换道超车"。

（三）制造业数字化转型是建设制造强国、网络强国和数字中国的迫切需要

我国制造业规模已连续 13 年位居世界首位，同时，我国建成了全球规模最大、技术领先的网络基础设施，规模优势不断巩固，体系优势更加凸显。在此基础上，加快推进制造业数字化转型，不仅有助

于充分激发信息技术的倍增作用，带动制造业技术进步、管理变革和模式创新；而且也将促进现代网络技术在工业领域的广泛应用，加速新模式新业态培育壮大；从而实现向制造强国、网络强国的跃升，以及制造强国、网络强国和数字中国建设的同频共振和协调发展。

二　制造业数字化转型与新型工业化步入快速发展轨道

我国制造业数字化转型已经步入深化应用、变革创新、引领转型的快速发展轨道，在创新能力建设、工业互联网赋能、新模式新业态发展、转型生态培育等方面成效显著，为加快推进新型工业化奠定了良好基础。

（一）制造业数字化创新能力大幅提升

从技术应用角度来看，大数据、人工智能、云计算、区块链等新一代信息技术创新能力持续增强，我国5G移动通信技术、设备及应用创新居于全球领先地位，依托新一代信息技术的制造业数字化前沿技术应用探索能力不断提升。从创新载体角度来看，国家级制造业创新中心、国家地方共建的制造业创新中心以及产业技术基础公共服务平台陆续建成落地，依托新型创新载体的制造业数字化共性技术供给能力大幅提高。制造业数字化转型创新能力的提升正加速推动企业生产方式、企业形态、业务模式和就业方式发生巨大变革。

（二）工业互联网融合赋能加速落地

一方面，工业互联网持续向工业领域的研发、制造等核心环节延伸，助力制造业、能源、矿业、电力等各大支柱性行业数字化转型升级。2022年，我国工业云平台普及率为53.2%，基于平台应用实现协同化设计和服务型制造的企业比例分别为 10.5% 和 31.0%。另一方面，"5G+工业互联网"率先在重点行业领域形成落地应用的典型场景，促进钢铁、采矿等传统行业企业提质降本增效作用开始显现。2022 年，我国"5G+工业互联网"用户数量超过 5.2 亿户，全国所有地级市和县城城区 5G 网络覆盖率达到 100%。

（三）新产品新模式新业态蓬勃发展

从产品来看，随着新一代信息技术加速向传统制造业各个领域融合渗透，制造业新产品逐渐从"机制化"向"智能化"转变，2022 年我国实现智能化产品生产的企业比例（即可生产智能化产品的企业比例）达到 6.5%，不断推动工业级智能硬件、智能网联汽车、智能船舶、无人机等智能化新产品迭代升级。从模式来看，数字化管理、平台化设计、智能化制造、网络化协同、个性化定制、服务化延伸等新模式蓬勃发展，2022 年我国实现数字化管理、网络化协同等新模式应用的企业比例分别为 73.7% 和 39.8%，新模式赋能企业经营管理效率全面提升。从业态来看，零工经济、平台经济等新业态不断发展壮大，正推动制造业加速向价值链高端延伸，2022 年我国工业电子商务普及率达到 66.3%，有效助力市场供需精准对接。

（四）数字化转型发展生态加速构建

一方面，从市场化服务来看，制造业数字化转型供给侧资源持续丰富，信息技术服务商和解决方案供应商队伍不断壮大，服务范围全面覆盖汽车、纺织、医药等各个制造业细分行业。截至 2022 年，全国已经培育形成 2000 余家服务机构、6 万余名服务人员，以及超百万级的兼备工业技能和数字素养的复合型人才队伍。另一方面，从多主体合作来看，数字化转型领域产学研用合作生态加速构建，制造企业、科研院所、高等院校、行业协会等主体交流合作日益密切。例如，依托两化融合暨数字化转型大会、工业互联网大赛等全国性品牌赛会活动，搭建起多维一体的高端交流合作平台，营造了共融、共商、共联、共享、共创的良好合作氛围。

三 加快以数字化转型驱动新型工业化 发展的工作建议

近年来，我国制造业数字化转型工作取得了诸多成绩，但在方法体系、技术体系、服务体系和生态体系等方面仍然存在许多不足和挑战，亟须进一步优化完善，从而更加有力地支撑推进新型工业化发展。

（一）完善制造业数字化转型方法体系

一是聚焦关键领域，针对新一代信息技术与制造业融合发展、工业互联网应用等关键问题开展理论体系研究，完善推进制造业数字化转型的方法与机制。二是聚焦行业痛点，加强典型场景建设，研制转型相关标准指南，以示范标杆为引领带动行业整体转型升级。三是聚焦企业转型，加强宣贯培训，丰富面向企业个性化需求的系统性解决方案，增强解决方案在不同场景的灵活部署和综合集成能力。

（二）健全制造业数字化转型技术体系

一方面，围绕技术供给，充分发挥我国海量数据和丰富应用场景优势，引导本土服务商加强对工业机理、知识模型的沉淀、封装与推广，提升制造业数字化转型关键技术供给能力。另一方面，围绕技术应用，推动产学研用金各方联合加强技术成果转化和商业应用，同时，加快推进企业上云用云，降低企业应用新技术的门槛和成本，拓展数字化转型技术体系应用的广度和深度。

（三）强化制造业数字化转型服务体系

一是突出数据驱动，加强面向制造业数字化转型的态势监测与关键指标数据监测，持续完善以数据为核心的精准决策模式。二是突出平台赋能，加强各有特色、相互嵌套、集成创新的工业互联网平台体系建设，加快实现制造资源和能力的泛在连接、弹性供给、高效配置。三是突出标准引领，加快标准研制与深化应用，以标准为抓手加速推进新型工业化。

（四）繁荣制造业数字化转型生态体系

一是深化产教融合，重点是推动数字化转型理论与实践成果融入高校教学体系。二是深化产融结合，引导制造企业、平台企业与金融机构加强数据共享和业务协作，创新基于生产运营数据的企业征信机制和动产融资模式。三是深化资源整合，以赛、展、会、训等活动汇聚各方资源，加强工业企业、科研机构、技术服务商、金融机构等多方互动交流，探索创新更加成熟的市场化合作机制与模式。

四　结束语

以数字化转型加快推进新型工业化是一个长期过程，不可能一蹴而就，未来加快制造业数字化转型，推进新型工业化，需要社会各界的协同合作与共同努力。下一步，仍需围绕制造强国、网络强国和数字中国建设要求，更广泛地汇聚地方政府、央企、行业龙头等外部优势资源，以制造企业为主体，以实体经济为着力点，推动新一代信息技术在更大范围、更深层次融合应用，为赋能我国制造业数字化转型和新型工业化推进奠定坚实基础。

参考文献

金壮龙：《加快推进新型工业化》，《求是》2023 年 2 月 16 日。

中华人民共和国工业和信息化部：《第三届两化融合暨数字化转型大会在 苏 州 召 开》，https：//www.miit.gov.cn/xwdt/gxdt/ldhd/art/2023/art_f88b669669d14ef48afb 87600e5fc0a2.html。

周祖成、文丰安：《走好新型工业化道路》，《人民日报》2021 年 12 月 2 日。

付宇涵、马冬妍、董豪等：《信息化促进制造业高质量发展现状及主要问题》，《中国科技信息》2020 年第 10 期。

付宇涵、崔佳星、李立伟、马冬妍：《数字经济时代中国供需体系变革的趋势》，《科技导报》2021 年第 4 期。

李晓华：《数字化是新型工业化的时代特征》，《新型工业化》2023 年第 5 期。

中国社会科学院工业经济研究所课题组、史丹、李晓华等：《新型工业化内涵特征、体系构建与实施路径》，《中国工业经济》2023 年第 3 期。

许可、王筑、李若玫等：《奋楫新型工业化主航道，构建数实融合发展新格局》，《通信企业管理》2023 年第 3 期。

李颖：《深化新一代信息技术与制造业融合 加快产业数字化转型》，《中国电子报》2019 年 1 月 30 日。

B.2
我国信息技术发展领域现状与趋势

王庆瑜　付宇涵　张　磊　崔佳星*

摘　要： 在当前全球新一轮技术革命和产业变革正在孕育兴起的大背景下，我国正在由制造大国、网络大国向制造强国、网络强国加速发展，两化融合、数字经济等信息技术发展领域战略布局与政策引导力度持续加大，产业实践应用不断深化，推动全国信息技术发展及应用水平稳步提升，经济社会价值效益逐步显现，为进一步支撑制造强国、网络强国和数字中国建设奠定了良好的基础。在此背景下，本文聚焦信息技术发展领域，在两化融合评价指标体系等现有指标体系的基础上，系统推进一揽子指标体系和测算模型的构建完善，基于一系列指标体系的跟踪监测，全面掌握当前信息技术发展领域的现状态势，以数据为核心研判未来发展方向及趋势，为更好地支撑推进信息技术发展领域各项工作提供有力抓手。

关键词： 信息技术　两化融合　数字经济

---

* 王庆瑜，国家工业信息安全发展研究中心信息化所工程师，资深研究员，从事两化融合、数字化转型相关领域研究；付宇涵，国家工业信息安全发展研究中心信息化所产业研究部主任，高级工程师，从事两化融合、工业互联网、数字化转型相关领域研究；张磊，国家工业信息安全发展研究中心信息化所工程师，从事两化融合、数字化转型、先进制造业相关领域研究；崔佳星，国家工业信息安全发展研究中心信息化所工程师，从事两化融合、数字化转型相关领域研究。

随着两化融合政策体系的日趋完善，制造强国、网络强国、数字中国建设基础日益夯实。近年来，我国信息技术发展领域融合应用水平持续稳步提升，顶层设计、产业实践等方面不断优化，价值显现、研究成果等方面不断丰富，在此背景下，仍需进一步构建完善面向信息技术发展领域统一监测评价需求的综合性指标体系，并以此为基础系统开展指数跟踪监测与成果研究输出，服务地方及行业实践应用不断取得新成效。

一 信息技术发展领域融合应用背景

我国长期聚焦信息技术发展领域，推动顶层规划设计持续优化完善，引导信息技术产业实践应用不断深化，为进一步加快信息技术自主创新及其与实体经济的融合发展营造了良好的背景环境。

（一）顶层设计持续完善

早在 2002 年，党的十六大提出以信息化带动工业化、以工业化促进信息化，走新型工业化的道路；党的十七大提出大力推进信息化与工业化融合；党的十八大进一步提出推动信息化和工业化深度融合；党的十九大提出加快建设制造强国，加快发展先进制造业，推动互联网、大数据、人工智能和实体经济深度融合；党的二十大提出推进新型工业化，加快建设制造强国、质量强国、航天强国、交通强国、网络强国、数字中国；两化融合政策体系一脉相承，引领我国融合发展不断迈进新阶段。2020 年 6 月，中央全面深化改革委员会第十四次会议审议通过《关于深化新一代信息技术与制造业融合发展的指导意见》，将融合发展作为深化改革的重要内容。2021 年 3 月，十三届全国人大四次会议通过《中华人民共和国国民经济和社会发展第十四个五年规划和 2035 年远景目标纲要》，提出要推动数字产业化和产业数字化，以数字化转型整体驱动生产方式、生活方式和治理方式变革，为"十四五"时期推进两化深度融合工作指明了前进方向、提供了根本遵循。2021年11月，工业和信息化部印发《"十四五"信息化和工业化深度融合发展规划》（工信部规〔2021〕182号），全面部署"十四五"时期两化深度融合发展工作重点。根据不完全统计，"十三五"以来全国各地方省市出台两化融合配套支持政策300余项，将推进两化融合与促进工业转型升级、"互联网+"、智能制造、智慧城市建设、信息消费、服务业转型、企业创新发展等重点工作紧密结合，部分省市启动企业上云计划，加快推动工业互联网平台培育，协同推进企业转型、行业升级、区域经济发展方式转变，形成覆盖全国、上下联动的两化融合协同工作机制。

（二）产业实践不断深化

随着两化融合领域关键核心技术和标准体系的不断完善，全国逐渐形成了以"标准引领、市场主体、数据驱动、生态培育"为核心的两化融合工作推进思路，构建起"政府积极引导、企业自主推进、多方广泛参与、各界一致认同"的产业生态，全国两化融合探索实践不断深化，两化融合发展水平逐步提高，在助力企业竞争力提升、产业转型提质增效、经济高质量发展等方面发挥着重要作用。依据《工业企业信息化和工业化融合评估规范》（GB/T 23020-2013），全国企业广泛开展两化融合自评估、自诊断、自对标，各级工信主管部门也将两化融合评估诊断和对标引导工作作为推进两化融合发展的重要抓手，通过评估诊断摸清当地企业两化融合的发展现状、价值成效、特征模式、发展趋势以及重点方向，形成区域两化融合发展画像，为进一步精准施策提供了参考和依据。截至2022年底，全国已有超过26万家企业开展两化融合自评估、自诊断和自对标。同时，各省市工信主管部门同步组织遴选省市级两化融合管理体系贯标试点示范企业，以试点作推广，以示范树标杆，协同推进全国两化融合深度和广度不断拓展。

（三）价值成效逐步显现

近年来，企业开展新一代信息技术融合应用的积极性和主动性大幅提升，催生了网络化协同制造、个性化定制、服务型制造等新模式，以及工业云、工业大数据、工业电子商务等新业态，制造业新模式新业态蓬勃发展，赋能数字经济和实体经济效益持续提升。在全国各级工信主管部门的政策支持和鼓励引导下，有关行业组织、科研机构、服务机构等积极推动两化融合管理体系贯标，两化融合市场化服务体系不断完善，帮助企业有效解决两化融合"不敢用"和"不会用"的问题，通过标准应用实现制造资源在线化、产能柔性化、产业链协同化，探索形成区域发展新优势。同时，全国各地深化产教融合、产融结合等跨界融合发展，布局两化融合相关人才实训基地建设，培养和引进两化融合相关领域复合型人才，同步培育咨询服务机构，提升两化融合标准应用的专业化服务水平，并通过建立咨询服务市场监管制度的方式，为两化融合应用推广提供制度保障，全国两化融合生态体系不断完善。

（四）研究基础日益丰富

依托两化融合评估诊断和对标引导工作，国家工业信息安全发展研究中心积累了涵盖全国三次产业、100余个细分行业、30余个省（区、市）、300余个主要城市的26万余家企业的两化融合评估诊断数据，通过对数据的深度挖掘和全面分析，连续八年编制发布《中国两化融合发展数据地图》系列成果，全面剖析我国企业两化融合的发展现状、价值成效、特征模式、发展趋势以及重点方向，对我国两化融合发展全景进行量化测评，分区域、分行业描绘出我国两化融合发展的权威画像，为政府精准施策、产业转型升级、企业融合发展等提供借鉴，同时也为进一步拓展丰富信息技术发展领域指标体系、全面加强对工信系统的数据支撑与服务能力奠定了坚实的基础。

二 信息技术发展领域评价监测体系构建

基于当前信息技术的创新及应用背景，围绕信息技术发展领域的六个重要细分方向，结合目前该领域已有的较为成熟的综合评价指数，构建形成涵盖 44 项具体指数的信息技术发展领域评价监测体系，为信息技术发展领域的综合监测评价提供理论支持。

（一）评价体系构建思路

信息技术发展领域指标体系是反映我国信息技术领域发展现状的综合性指标体系，该体系主要从工业信息化、信息技术应用创新、软件产业、信息服务业、数字经济、工业信息安全六个领域面向企业开展系统化评价。指数类型包括定基指数、加权指数、综合指数等，指数编制方法包括经验归纳总结法、对比分析法、实证分析法等，通过系列指标跟踪监测，为宏观经济、微观经济及特定领域发展提供参考依据，促进不同领域间的资源有效配置，促进微观企业层面加快数字化转型发展。

（二）六大指数族内涵

工业信息化指数族主要监测工业领域信息化情况，工业数字化、智能化、网络化制造与应用情况，工业互联网平台体系情况，工业领域电子商务和现代流通体系建设情况，其他工业信息化领域发展情况。信息技术应用创新指数族主要监测信息技术应用创新能力建设情况，信息技术推广应用情况，行业公共服务体系建设情况，信息产品、系统解决方案推广应用情况。软件产业指数族主要监测软件产业发展情况，软件产业创新能力建设情况，软件技术、产品和系统研发及产业化情况，软件产业链供应链能力提升情况，软件名城、名园建设情况，软件知识产权及正版化情况。信息服务业指数族主要监测信息服务业创新发展情况，区块链技术产业创新发展情况，新一代信息技术新应用、新业态、新模式培育发展情况，信息技术服务工具、平台研发和产业化推进情况，信息服务产业公共服务体系及相关园区建设情况。数字经济指数族主要监测数字经济和大数据产业发展情况，大数据关键技术产品研发和产业化推进情况，大数据应用和试点示范推动情况，大数据产业生态体系构建情况，数字产业集群发展情况。工业信息安全指数族主要监测工业信息安全发展情况。

（三）评价指标体系构建

围绕工业信息化、信息技术应用创新、软件产业、信息服务业、数字经济、工业信息安全六个方向的指数族，广泛吸收两化融合领域指标体系的建设应用经验，重点突出不同领域的特点，细化构建评价体系，如图 1 所示。

三 我国信息技术发展领域现状及趋势监测分析

基于构建形成的信息技术发展领域评价监测体系，结合重点指数及关键指标长期监测情况，可对我国信息技术发展领域的现状及趋势进行分析研判。以工业信息化、信息技术应用创新、软件产业、信息服务业四个细分领域为例，选取两化融合发展水平、应用侧工业控制系统自主化率、应用侧主要工业软件普及应用率、信息技术服务企业产品竞争力指数等关键指数为例进行测算分析。

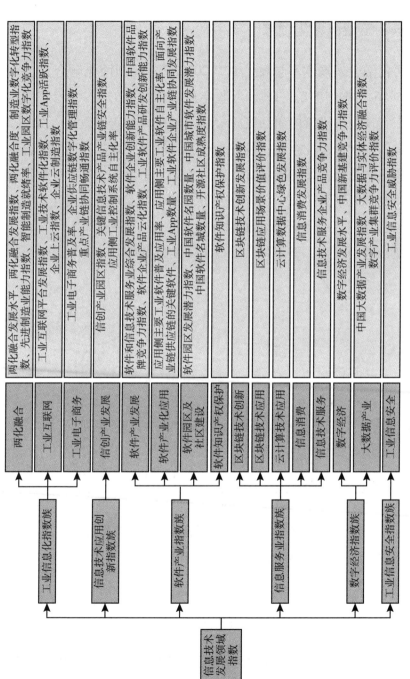

图1 信息技术发展领域系列指数设置情况概览

资料来源：《信息技术发展领域指标体系研究及工作总结报告》。

（一）工业信息化领域

以两化融合发展水平监测为例，2022年，我国两化融合发展水平达到59.6，同比增长3.1%，近些年持续保持3%左右的稳定增长态势，正实现由中级阶段向高级阶段和卓越阶段的跨越发展，如图2所示。具体来看，表征企业研发、生产、管理等关键业务环节融合发展水平的数字化研发设计工具普及率、关键工序数控化率、经营管理数字化普及率分别为77.0%、58.6%和73.7%，实现研发设计、生产制造、经营管理等业务环节全面数字化的企业比例达到53.7%，为企业全面推进网络化、智能化发展奠定了良好基础。

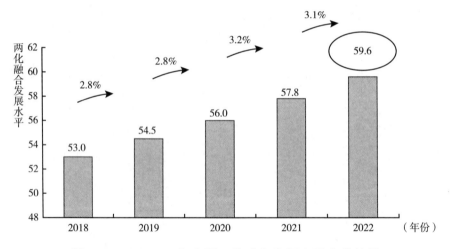

图2 2018~2022年全国两化融合发展水平变化趋势

资料来源：《中国两化融合发展数据地图（2022）》。

（二）信息技术应用创新领域

以应用侧工业控制系统自主化率监测为例，经过数据测算分析，2022年应用可编程逻辑控制器（PLC）的企业比例为48.0%，其中

58.6%的企业使用国内品牌，67.3%的企业使用国外品牌，25.9%的企业同时使用了国内和国外品牌，如图3所示；全国制造业应用分布式控制系统（DCS）的企业比例为38.3%，其中72.9%的企业使用国内品牌，49.2%的企业使用国外品牌，22.1%的企业同时使用了国内和国外品牌，如图4所示。总体来看，大中型企业倾向于应用国外品牌的工业控制系统，而小型企业则倾向于应用国内品牌，如图5所示。究其原因，小型企业由于资金不足，且对工业控制系统的功能完备性、精准性等要求较低，因此更倾向于应用价格较低的国产品牌；而大中型企业由于生产规模庞大、生产线较长且流程复杂，加之企业全流程数字化水平较高，因此需要功能完备、控制精准、响应较快的高端化工业控制系统进行配套，从而更倾向于应用能够满足其需求但价格昂贵的国外品牌。

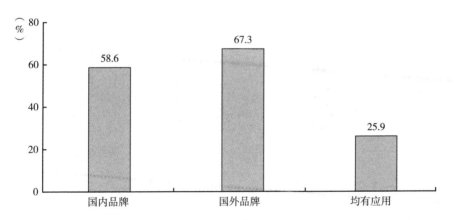

图3 2022年我国企业应用国内外品牌PLC的情况

资料来源：《信息技术发展领域指标体系的研究及工作总结报告》。

（三）工业软件领域

以应用侧主要工业软件普及应用率监测为例，2022年，我国企

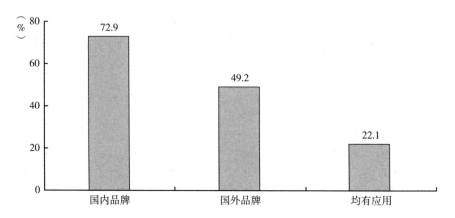

图 4　2022 年我国企业应用国内外品牌 DCS 的情况

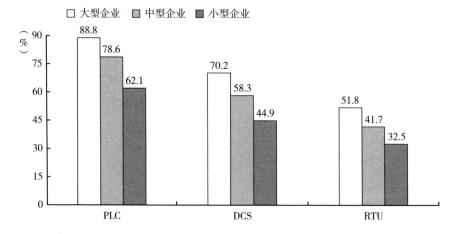

图 5　2022 年不同规模企业应用各类国外品牌工业控制系统的比例情况

资料来源：《信息技术发展领域指标体系研究及工作总结报告》。

业主要工业软件 ERP、PLM、MES 等普及率分别为 68.2%、24.2% 和 28.5%，较 2021 年分别提高了 2.0 个、2.8 个、2.1 个百分点，企业经营管理类、产品研发类、生产管控类主要工业软件的普及应用情况如图 6 所示。总体来看，各类工业软件普及率稳中有升，其中经营管理类、产品研发类工业软件普及水平较高，个性化需求高的生产管控类工业软件普及度较低，但相较于 2018 年，各类工业软件普及应用率均增长 6 个百分点以上，总体应用水平保持稳中有进。

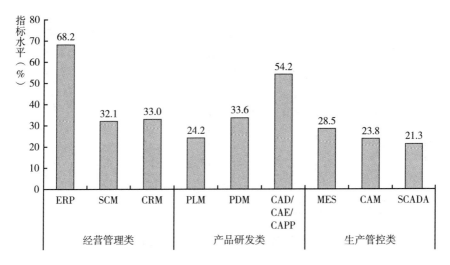

图 6　2022 年我国应用侧主要工业软件普及应用情况

资料来源：《中国两化融合发展数据地图（2022）》。

（四）信息技术服务领域

以信息技术服务企业产品竞争力指数监测为例，经过数据测算分析，2022 年我国信息技术服务企业产品竞争力指数达到 61.0，总体呈现稳步上升趋势，产品质量和客户满意、业务效率、财务优化、创新能力等维度的竞争力水平分别为 59.4、63.2、41.5 和 66.5（见图 7）。业务效率方面，企业通过打通内部数据信息共享渠道，提升内部业务协同效率，有效提高全员劳动生产率。创新能力方面，企业通过应用数字化研发设计工具，有效缩短新产品研发周期，产品专利和标准研制数量均有明显提升。产品质量和客户满意方面，信息技术服务企业竞争力水平尚可，但基于数字技术的产品快速交付能力亟待提高。财务优化方面，企业财务决算速度、流动资金周转率等方面水平相对较低，数字化财务管理水平仍有较大提升空间。

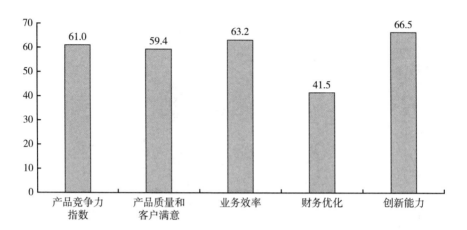

图7　2022年信息技术服务企业产品竞争力指数及细化指标评价水平

资料来源：《信息技术发展领域指标体系研究及工作总结报告》。

四　结束语

目前，面向我国信息技术发展领域构建的监测评价体系，仍需在实践应用过程中进一步迭代优化，同时丰富完善可扩展的思路和方法，既支持在宏观层面总体把握信息技术领域发展情况，也支持专业化分类引导和相互比较借鉴，通过推动监测评价体系的大范围产业化应用推广，建立一系列指数常态化监测机制，增强多主体服务能力。服务政府方面，帮助政府摸清信息技术发展领域现状和演进规律，明确重点和方向，支撑作出科学决策，加强过程定量跟踪和监管，提升工作的系统性和实效性。服务行业方面，指导行业协会等机构从行业视角出发，通过指标体系动态监测摸清行业发展现状、问题和切入点，进一步争取政府支持，整合市场优势资源，集中工业企业、信息技术提供商、咨询服务商、设备提供商等力量，共同突破共性技术瓶颈，以重点行业为突破口，推广低成本、可复制的指数应用实践经验和解决方案。服务企业方面，面向企业需求进一步深挖指数评价数据价值，帮助企业规划、明确数字化转型未来方向和可行路径，推动企业充分结合战略需求，查找薄弱环节和突破口，从信息技术供给侧和应用侧两端发力，实现企业全面转型升级。

参考文献

周剑、陈杰：《制造业企业两化融合评估指标体系构建》，《计算机集成制造系统》2013 年第 9 期。

陈杰、周剑、付宇涵：《我国工业企业两化融合评价体系及实证研究》，《制造业自动化》2016 年第 6 期。

付宇涵、高欣东、师丽娟、董豪、马冬妍：《面向 2035 年的"互联网+"管理体系图景探究》，《中国工程科学》2020 年第 4 期。

周剑：《两化融合通用参考架构与标准体系》，《计算机集成制造系统》2019 年第 10 期。

国家工业信息安全发展研究中心：《制造业数字化转型评价框架体系白皮书》，2021。

国家工业信息安全发展研究中心：《中国两化融合发展数据地图（2022）》，2022。

国家工业信息安全发展研究中心：《2022 工业互联网平台发展指数报告》，2022。

国家工业信息安全发展研究中心：《2022 长三角数字经济发展报告》，2022。

B.3
我国先进制造业发展形势研判及建议

张磊　王丹　巴旭成　王琦　付宇涵*

摘　要： 当前，先进制造业已成为世界各国经济竞争制高点。美国、欧盟、德国、日本等发达国家和地区均重点布局先进制造业发展，我国应聚焦技术、能力、生态等方面，加快推进先进制造能力建设和数字化转型发展。党的二十大报告指出，推进新型工业化，加快建设制造强国、质量强国、航天强国、交通强国、网络强国、数字中国，这是当前和今后一个时期我国深入贯彻新发展理念、加快构建新发展格局、着力推动高质量发展的重大任务，是我国构筑未来全球发展战略优势的重要方向。本文以先进制造业内涵特征为切入点，探究全球主要发达国家和地区的经验做法，系统总结我国推动先进制造业发展的工作举措和产业实践，明确推动先进制造业发展的时代背景和重要意义，提出发展建议，为推进新型工业化、助力制造业高质量发展提供参考借鉴。

* 张磊，国家工业信息安全发展研究中心信息化所工程师，从事两化融合、数字化转型、先进制造业相关领域研究；王丹，国家工业信息安全发展研究中心信息化所工程师，从事两化融合、数字化转型等相关领域研究；巴旭成，国家工业信息安全发展研究中心信息化所工程师，从事两化融合、数字化转型相关领域研究；王琦，国家工业信息安全发展研究中心信息化所工程师，从事两化融合、数字化转型相关领域研究；付宇涵，国家工业信息安全发展研究中心信息化所产业研究部主任，高级工程师，从事两化融合、工业互联网、数字化转型等相关领域研究。

关键词： 先进制造业　新型工业化　数字化转型

一　先进制造业成为全球经济竞争制高点

先进制造业是制造业中创新最活跃、成果最丰富的领域，也是价值链上高利润、高附加值的领域。当前全球经济疲软，国际能源资源和环境约束不断趋紧，主要发达国家和地区纷纷将目光"瞄准"于先进制造业，持续夯实经济内核，抢占产业发展制高点。本文深度探究先进制造业的内涵特征及全球主要发达国家和地区的实践经验，为我国推动先进制造业发展提供借鉴。

（一）先进制造业内涵特征

先进制造业是集现代科学技术之大成的产业领域，是指不断吸收新一代信息通信领域以及机械、材料和现代管理等方面的高新技术成果，并将这些先进技术综合应用于制造业产品的研发设计、生产制造、质量检测、营销服务和经营管理的全过程，实现系统化、集成化、自动化、柔性化、信息化、智能化、生态化生产的高技术产业、新兴产业和未来产业。

1. 先进制造业概念的发展

先进制造业高质量发展是从量到质的本质性演变，是由一系列生产要素共同支撑、综合作用的结果。以"先进性"体现为切入点，先进制造业概念的演化与成长过程需要综合考虑技术、模式、产业发展等诸多因素（见图1）。

（1）提出：先进技术利用程度成为先进制造业区别于传统制造业的关键

20世纪80年代后期，伴随工厂技术在制造业领域被广泛运用，

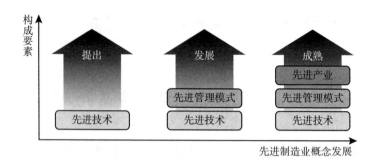

图1 先进制造业概念发展

美国首次提出先进制造业的概念，认为先进制造业就是"先进制造技术+制造业"。初始概念的核心是以计算机等自动化技术为基础的先进技术的利用程度，鲜明地区分了先进制造业和传统制造业。

（2）发展：先进制造业需实现先进技术与先进管理模式的动态匹配

伴随着先进技术在制造业中的应用加深与范围扩大，行业生产效率也在不断提高。但单一的先进技术并不能实现制造企业生产效率的最高，还需要与先进的管理模式相配合。由此，先进制造业的内涵由先进技术与先进管理模式共同组成，先进制造业的发展需要先进技术与先进管理模式之间动态匹配。

（3）成熟：高技术产业、战略性新兴产业及未来产业成为先进制造业的主要构成部分

先进制造业是大国科技和产业博弈的重要战场，包括依托先进技术形成的高技术产业及战略性新兴产业，如生物制造、增量制造、微纳制造等；包括通过工艺革新、技术改造、商业模式生产组织方式转型升级后的传统产业，如海洋工程装备、航天装备、航空装备等；也包括当前尚处于孕育孵化阶段的具有高成长性、战略性的未来产业，如类脑智能、量子信息、未来网络、深海空天开发等。

2.先进制造业概念的发展

与传统制造业相比，先进制造业具有技术先进性、思想引领性、模式创新性、产业领先性等特征（见图2），是知识密集、优质高效、技术先进的现代化产业，在推动经济高质量发展的过程中具有战略性作用。

图2　先进制造业主要特征

（1）以领先的科技创新为强力引擎

先进制造业以创新为动力，以硬科技为核心，是现代产业体系的重要组成部分。一方面，新材料、新能源、生命科学等硬科技持续突破，催生了新的先进制造业门类；另一方面，以互联网、大数据、云计算、物联网、人工智能等为代表的新兴数智技术快速迭代、不断成熟，与制造业的融合日益加深、持续创新，形成了智能制造、增材制造、虚拟制造等一批新型制造模式，智能化、绿色化、服务化成为当前先进制造业的典型特征。

（2）以绿色的生产方式为思想引领

先进制造业区别于资源消耗型的传统制造业，高度重视资源节约和环境保护。一方面，新材料广泛应用于先进制造业能够改变钢铁、化工、建材、造纸、印染等传统制造业"大量生产、大量消耗、大量排放"的生产和消费模式；另一方面，通过引进绿色、低碳、环保的先进技术、工艺和设备，为制造业整体的节能、减碳、降耗提供重要支撑，以绿色制造引领先进制造业走上可持续发展的道路。

（3）以全新的模式创造为发展核心

先进制造业是智能制造、绿色制造和服务型制造等先进制造模式应用的典型代表。先进制造业将大数据技术和现代化管理联系起来，使企业管理模式更加智能化，更加注重市场监测、技术升级和现代化管理的融合，更好地满足不同用户多样化和个性化的需求。

（4）以强韧的产业竞争力为杠杆支点

先进制造业是现代产业体系的重要组成部分，代表了产业结构中综合竞争力的最高水平。一方面，利用先进的数字技术、成熟的制造装备和工艺，提高现有制造产业发展水平，提高产品附加值，推进生产制造向价值链两端环节拓展；另一方面，先进制造业的上下游产业链联系密切，有较大的产业带动性。通过高度的空间集聚，创新要素在产业链上下游自由流动，实现有机融通，有益于发挥"龙头带动、产业聚集、链式发展"的"辐射"作用，在抵御外部风险时能够表现出较强的韧性。

（二）全球主要发达国家和地区实践经验

相较于一般制造业，先进制造业具有更高的附加值，成为提高一国竞争力的重要手段。各国政府围绕加快先进制造业发展开展了一系列实践探索，为我国推动先进制造业发展提供了经验借鉴。

1.美国：以前沿科技引领全球制造业转型发展

美国作为全球最早布局先进制造业发展的国家，持续关注新一代信息技术发展和应用，以保持其先进制造业的全球领先地位。聚焦先进制造最新战略进展，2022年10月，美国发布了《先进制造业国家战略》，围绕智能制造，提出重点研发先进传感等数字化制造技术；加大对机器学习、数据访问、机密性、加密和风险评估方面的人工智能技术研发。此外，美国发布了《联邦大数据研发战略计划》《国家人工智能研究和发展战略计划》《为人工智能的未来做好准备》《美国机器智能国家战略》，构建了以开放创新为基础、以促进传统产业转型为主旨的战略性政策体系，持续推进了先进制造业转型的发展进程。

2. 德国：以践行"工业4.0"保持高端制造业领先势头

德国以"工业4.0"为核心，持续性完善制造业转型规划，并为中小企业发展提供优良环境。2019年，德国发布《国家工业战略2030》，该方案是"工业4.0"战略的进一步深化和具体化，内容涉及完善德国作为工业强国的法律框架、加强新技术研发和促进私有资本进行研发投入、在全球范围内维护德国工业的技术主权等，总体目标是稳固并重振德国经济和科技，保持德国工业在欧洲和全球竞争中的领先地位。

3. 欧盟：以工业数字化战略构建产业发展共同体

欧盟推动建立统一的数字市场，为成员国产业协同发展创造有利条件。2020年3月，欧盟发布《欧盟新工业战略》，整体围绕打造具有强大影响力的行业领军企业，提出强化对中小企业数字化转型的支持，充分发挥各类工业主体的优势和潜力，有效利用市场规模效应，以多样的市场主体共同构建覆盖研发设计、材料生产、加工制造、市场流通、销售服务等工业环节的较为完整的产业链，系统性增强各个工业环节的市场风险抵抗力，形成产业链整体竞争优势。

4. 日本：以技术创新和"互联工业"建设超智能社会

日本连续多年制定和发布了一系列技术创新计划和制造业转型举措。2016年，日本发布《第五期科学技术基本计划（2016—2020）》，提出利用新一代信息技术使网络空间和物理世界高度融合，通过数据跨领域应用催生新价值和新服务，并首次提出超智能社会"社会5.0"这一愿景。2018年6月发布的《日本制造业白皮书》强调，"通过连接人、设备、系统、技术等创造新的附加值"，正式明确将互联工业作为制造业发展的战略目标，并通过推进"超智能社会"建设，抢抓产业创新和社会转型的先机。2021年，日本拟定科技创新"六五计划"，该计划围绕数字化社会变革，提出注重以数字技术推动产业"数字化转型"，建设脱碳社会，加强5G、超级计算机、量子技术等重点领域的研发。

二　我国推进先进制造业迈向价值链中高端

发展先进制造业是推动制造业高质量发展的重要抓手，是破解发展不平衡不充分问题的有效途径，也是建设现代化经济体系的重要组成部分。近年来，在我国顶层规划不断完善、各地实践持续深入的情况下，先进制造业在产业规模、关键技术、国际竞争力等方面取得积极进展，为持续深入推进先进制造业高质量发展提供了有力支撑。

（一）我国推进先进制造业探索实践

我国坚持走中国特色新型工业化道路，不断推进信息化和工业化融合发展，发展先进制造业，为制造业高质量发展不断注入新动能。从国家战略布局到地方应用实践，我国发展先进制造业的政策体系不断完善，产业规模持续壮大，为制造强国、网络强国、数字中国建设奠定了坚实基础。

1.国家顶层设计逐步完善

我国高度重视先进制造业发展，相继出台了一系列政策措施，不断推动先进制造业高质量发展。党的二十大报告明确指出，坚持把发展经济的着力点放在实体经济上，推进新型工业化，加快建设制造强国、质量强国、航天强国、交通强国、网络强国、数字中国。2020年6月，中央全面深化改革委员会第十四次会议审议通过的《关于深化新一代信息技术与制造业融合发展的指导意见》强调，加快推进新一代信息技术和制造业融合发展。2016 年 5 月，国务院印发《关于深化制造业与互联网融合发展的指导意见》，提出以"互联网+"为牵引，推动互联网与制造业深度融合，为制造业数字化转型提供强大的创新活力、发展潜力和转型动力。2021 年 3 月国务院印发的《中华人民共和国国民经济和社会发展第十四个五年规划和2035 年远景目标纲要》提出强化创新引领、加快发展现代产业体系、壮大实体经济根基、推动制造业优化升级等工作重点，为我国实现经济现代化指明了方向（见表 1）。

表 1　国家层面先进制造业发展政策汇总

时间	文件/政策名称	主要内容
2022 年 10 月	党的二十大报告	坚持把发展经济的着力点放在实体经济上，推进新型工业化，加快建设制造强国、质量强国、航天强国、交通强国、网络强国、数字中国
2021 年 6 月	《关于加快培育发展制造业优质企业的指导意见》	鼓励领航企业、单项冠军企业积极在全球布局研发设计中心，优化生产网络和供应链体系，有效对接和利用全球资源。以共建"一带一路"为重点，构建区域产业链共同体，更好融入全球产业链供应链
2021 年 3 月	《中华人民共和国国民经济和社会发展第十四个五年规划和 2035 年远景目标纲要》	强化创新引领、加快发展现代产业体系、壮大实体经济根基、推动制造业优化升级
2021 年 1 月	《工业互联网创新发展行动计划（2021—2023 年）》	工业互联网企业网络安全分类分级管理有效实施，聚焦重点工业领域打造 200 家贯标示范企业和 100 个优秀解决方案。支持工业企业运用新型网络技术和先进适用技术改造建设企业内网，探索在既有系统上叠加部署新网络、新系统，推动信息技术(IT)网络与生产控制(OT)网络融合

续表

时间	文件/政策名称	主要内容
2020 年 6 月	《关于深化新一代信息技术与制造业融合发展的指导意见》	加快推进新一代信息技术和制造业融合发展,要顺应新一轮科技革命和产业变革趋势,加快工业互联网创新发展,加快制造业生产方式和企业形态根本性变革,提升制造业数字化、网络化、智能化发展水平
2020 年 7 月	《关于促进国家高新技术产业开发区高质量发展的若干意见》	到 2025 年,国家高新区布局更加优化,自主创新能力明显增强,体制机制持续创新,创新创业环境明显改善,高新技术产业体系基本形成,建立高新技术成果产出、转化和产业化机制,攻克一批支撑产业和区域发展的关键核心技术,形成一批自主创新、国际领先的产品,涌现一批具有国际竞争力的创新型企业和产业集群,建成若干具有世界影响力的高科技园区和一批创新型特色园区
2020 年 5 月	2020 年政府工作报告	一方面要加快培育新材料、人工智能、集成电路、生物制药、第五代移动通信等新兴产业,另一方面要应用大数据、云计算、物联网等技术加快改造提升传统产业,把发展智能制造作为主攻方向
2019 年 3 月	2019 年政府工作报告	要推动传统产业改造提升,特别是要打造工业互联网平台,拓展"智能+",为制造业转型升级赋能。要促进新兴产业加快发展,深化大数据、人工智能等研发应用,培育新一代信息技术、高端装备、生物医药、新能源汽车、新材料等新兴产业集群,壮大数字经济
2017 年 11 月	《高端智能再制造行动计划(2018—2020 年)》	加强高端智能再制造标准化工作,鼓励行业协会、试点单位、科研院所等联合研制高端智能再制造基础通用、技术、管理、检测、评价等共性标准,鼓励机电产品再制造试点企业制定行业标准及团体标准。支持再制造产业集聚区结合自身实际制定管理与评价体系,探索形成地域特征与产品特色鲜明的再制造产业集聚发展模式

时间	文件/政策名称	主要内容
2017 年 10 月	党的十九大报告	加快建设制造强国,加快发展先进制造业,推动互联网、大数据、人工智能和实体经济深度融合
2016 年 5 月	《关于深化制造业与互联网融合发展的指导意见》	以"互联网+"为牵引,推动互联网与制造业深度融合,为制造业数字化转型提供强大的创新活力、发展潜力和转型动力
2016 年 3 月	《中华人民共和国国民经济和社会发展第十三个五年规划纲要》	加快信息网络新技术开发应用,重点突破大数据和云计算关键技术、高端工业和大型管理软件、新兴领域人工智能技术等
2015 年 7 月	《关于积极推进"互联网+"行动的指导意见》	培育发展人工智能新兴产业,推进重点领域智能产品创新,提升终端产品智能化水平

资料来源:国家工业信息安全发展研究中心根据公开信息整理。

2. 地方产业实践走深向实

在一系列国家政策的有力支撑下,我国先进制造业高速发展,在多个应用场景加速渗透,逐渐成为促进经济社会发展的重要驱动力,全国多地结合自身条件,不断加快布局先进制造业产业发展,北京、广东、上海、浙江、江苏等20余个省(区、市)出台先进制造业产业相关政策,重点关注高精尖产业,全面落实数字化、网络化、绿色化发展战略,深度实现智能化改造,持续深入推动先进制造业细分行业梯次升级(见表2)。

表2 "十四五"期间部分省(区、市)发布先进制造业发展相关政策情况

省(区、市)	政策名称	发布日期
广东省	《广东省制造业高质量发展"十四五"规划》	2021 年 7 月 30 日
内蒙古自治区	《内蒙古自治区 2022 年促进制造业高端化、智能化、绿色化发展政策清单》	2022 年 3 月 31 日

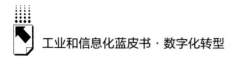

续表

省(区、市)	政策名称	发布日期
安徽省	《安徽省"十四五"智能制造发展规划》	2022 年 3 月 10 日
江苏省	《江苏省制造业智能化改造和数字化转型三年行动计划》	2021 年 12 月 30 日
湖北省	《湖北省制造业高质量发展"十四五"规划》	2021 年 10 月 29 日
北京市	《北京市"新智造 100"工程实施方案》	2021 年 8 月 30 日
湖北省	《湖北省制造业高质量发展"十四五"规划》	2021 年 10 月 29 日
山东省	《山东省"十四五"制造强省建设规划》	2021 年 9 月 7 日
吉林省	《吉林省制造业数字化发展"十四五"规划》	2021 年 9 月 3 日

在国家总体布局和地方大力推进下，各地先进制造业发展成效不断显现。全国多省（区、市）加快推进先进制造业集群建设，通过资源要素集聚做大做强先进制造业，逐步完善产业链供应链体系，围绕集群培育目标任务，在总结经验的基础上，创新思路举措，形成政策合力。截至 2022 年 11 月，国家级先进制造业集群成为引领带动重点行业和领域创新发展的重要力量，45 个国家级集群涉及 19 个省（区、市）、3 个计划单列市，其中东部地区 30 个、中部地区 8 个、西部地区 5 个、东北地区 2 个，京津冀、长三角、珠三角、成渝 4 个重点区域集群数量达 30 个，占 2/3。在国家级先进制造业集群中，新一代信息技术领域 13 个、高端装备领域 13 个、新材料领域 7 个、生物医药及高端医疗器械领域 5 个、消费品领域 4 个、新能源及智能网联汽车领域 3 个，覆盖了制造强国建设重点领域①。

---

① 数据来源于工业和信息化部网站。

专栏1　重点省份积极推进先进制造业集群建设

江苏省：重点培育新型电力装备、工程机械、物联网等16个先进制造业集群。促进"育群强链"与科技创新、质量品牌、知识产权等工作相结合，全省先进制造业集群规模占规模以上工业集群规模的比重为70%左右，产业链供应链互联互通水平稳步提升。

广东省：持续推进新一代电子信息、绿色石化、智能家电等万亿元级产业集群建设，2022年上半年粤港澳大湾区内地9市先进制造业增加值占规模以上工业增加值的比重达到55.9%。

资料来源：国家工业信息安全发展研究中心根据公开信息整理。

（二）我国先进制造业发展现状

先进制造业是制造业价值链上创造高利润、高附加值的领域。经历了长期战略布局与实施，我国先进制造业持续发展壮大，在产业规模、关键技术和国际竞争力等方面成效显著，已成为提升产业竞争力、引领带动制造业高质量发展的重要力量。

1. 产业规模持续壮大

截至2022年11月，我国重点培育的国家级先进制造业集群增至45个，2021年主导产业产值达19万亿元，布局建设了18家国家制造业创新中心，占全部国家级创新中心数量的70%，拥有国家级技术创新载体1700余家，培育创建了170余家国家级单项冠军企业、2200余家国家级专精特新"小巨人"企业[①]。2021年，我国先进制造业采购经理指数（PMI）均大于50%[②]，且保持较快增势。

2. 关键技术取得突破

"十三五"以来，通过推进制造业创新中心、智能制造等工程实

---

① 数据来源于工业和信息化部网站。
② 数据来源国家统计局网站。

施，5G手机芯片投入商用，存储器、柔性显示屏量产实现新突破，我国在多轴精密数控机床、工业机器人设计与制造等领域已占据有利地位，重要零部件长期依赖进口的局面正在迅速转变。全社会研发投入从2012年的1.03万亿元增长到2021年的2.79万亿元，研发投入强度从2012年的1.91%增长到2021年的2.44%，每万人口发明专利拥有量从2012年的3.2件增加至2021年的19.1件①。超级计算、人工智能、大数据、区块链等新兴技术加快应用，推动数字经济等新产业新业态蓬勃发展，2021年，我国工业机器人产量达到36.6万台，比2015年增长10倍，市场规模稳居全球第一②。

3. 国际竞争力显著提升

在国内国际双循环新发展格局下，我国先进制造业跨国产业链"链主"企业通过引领链上企业提高国际化经营水平，带动行业整体融入全球产业链价值链体系。2022年6月，美国信息技术与创新基金会（ITIF）发布报告显示，1995~2018年，我国先进技术产业的全球份额从4%跃升至21.5%（美国市场份额从24%略降至22.5%）。我国先进制造创新从以跟跑为主，进入跟跑在加快、并跑在增多、领跑在涌现的新阶段。集成电路、新能源汽车、航空制造等领域取得一批标志性成果，新一代信息技术、新材料技术、新能源技术正带动群体性技术突破。

专栏2　链主企业引领我国先进制造业融入全球价值链体系

徐工液压：针对机械行业产品研发难问题，打造全球协同的产品研发体系，显著提升了关键零部件研发设计效率，研发周期缩短47.5%，产品出口全球20余个国家和地区。

---

① 数据来源于科学技术部网站。
② 数据来源于工业和信息化部网站。

沈阳海尔电冰箱：依托卡奥斯工业互联网平台，汇聚全球相关设计类资源和设计公司，面向用户个性化需求提供创新设计服务，由计划驱动生产转变为用户驱动生产，有效提高了冰箱全流程定制化生产能力。

新华三：在杭州及周边集聚了产业链上下游 150 余家企业，协同构建电子信息领域全球化、多元化、开放型的供应链体系，服务覆盖全球 106 个国家和地区。

资料来源：国家工业信息安全发展研究中心根据公开信息整理。

三 推进先进制造与数字化转型发展建议

加快发展先进制造业，是拓展工业增长空间、推动制造业高质量发展的重要举措之一。通过总结并借鉴发达国家先进制造业发展经验，结合我国先进制造业数字化转型特点，建议下一步重点聚焦先进制造能力建设与数字化转型的理论方法体系完善、企业能力提升、产业生态培育、重点工作开展等方面，多措并举统筹推进我国先进制造能力建设和数字化转型发展。

（一）完善产业发展理论体系

一是夯实理论知识体系基础。持续丰富、完善先进制造业知识体系架构，沉淀不同行业的工业机理模型，并面向相关行业领域进行普及推广，为企业场景培育创新夯实理论基础。

二是总结实践应用典型经验。分行业、分领域梳理难点痛点问题，挖掘企业典型应对措施和优秀应用场景，提炼形成系统性解决方案，通过解决方案推广助力先进制造企业能力提升。

三是研制关键领域技术标准。建立行业急需的技术标准清单，推动社会各界联合开展标准研制与应用推广，加快科技成果与技术标准相互转化，实现科技、标准与产业的有效衔接和耦合互动，发挥技术标准对企业场景建设和先进制造业整体发展的引领作用。

（二）提升企业先进制造能力

一是提升企业精益管理能力。推动重点行业企业开展精益管理能力建设，梳理形成精益管理思路和方向，推进业务流程优化和组织结构变革，以精益化管理促进提质降本增效，加速推动先进制造企业实现精益化经营管理。

二是提升企业数据治理能力。面向企业推进先进制造业能力与数字化转型评估，根据评估结果推动企业加强数据治理能力建设，激活工业数据资源要素潜力，同时引导服务机构提升一体化咨询服务能力，促进供需精准对接，助力企业数据治理能力不断提升。

三是提升企业协同创新能力。持续推动先进制造企业上云上平台，依托工业互联网平台、协同创新中心等载体，推进创新资源汇聚与开放共享，实现企业间数据、资源、能力等的协同共享，加速提升企业协同创新能力，促进企业集成创新和融合应用新模式不断涌现。

（三）培育协同共享生态体系

一是推进公共服务载体建设应用。基于系统工程、现代工业工程、新型互联网技术的组合运用，构建全国性、区域性、行业性工业可信互联网运营平台，面向制造业企业提供诊断咨询、数据标识、数据交易、可信监管溯源、供需对接、测试验证、市场推广等公共服务，引导企业建设先进制造能力和数字化转型体系。

二是提升产业链供应链韧性。推进区域先进制造业集群建设，厘清产业链供应链关键环节和上下游关系，有针对性地补足产业链供应链短板，推动链上企业数据、资源与能力共建共享共用，促进先进制造业补链、延链、固链、强链，并基于可信网络建设提升产业链供应链安全保障能力，增强产业链供应链弹性韧性。

三是培育协同合作生态体系。重点推进全国性、区域性、行业性工业可信互联网运营平台体系建设，引导先进制造企业、供应商、服务商、科研机构、金融机构等主体融入合作体系，打造"产业+科技+金融+人才"高水平循环的合作生态，共同提升我国先进制造业的国际影响力和竞争力。

（四）广泛开展先进制造评估

一是加强评估试点示范应用。聚焦行业集中度高、数字化转型基础条件好、具有绝对话语权的头部企业，面向不同区域开展先进制造业能力与数字化转型评估体系试点示范工作，形成一批有亮点、有特色、可复制、可推广的先进制造能力建设与数字化转型典型经验和模式。

二是完善评估应用推广机制。基于现有理论体系、载体工具和典型场景，结合区域试点示范实践经验，持续完善"上下联动、左右协同"的工作推进机制和组织体系，动态实现"理论—载体—实践"的全过程迭代优化，打造形成端到端的工程闭环实施模式。

三是构建态势监测服务体系。基于评估诊断结果，打造企业数据云图和数据驾驶舱，实时监测企业先进制造能力建设与数字化转型发展态势，分区域、分行业描绘先进制造业发展的权威画像，有效赋能政府精准施策、产业转型升级和企业高质量发展。

参考文献

王娟、叶美兰、朱卫未：《先进制造业高质量发展：内涵、要素和路径研究》，《南京邮电大学学报》（社会科学版）2021年第2期。

王莉静、王庆玲：《高技术产业技术引进消化吸收再创新分阶段投入与产出关系研究——基于分行业数据的实证研究》，《中国软科学》2019年第1期。

德国联邦经济和能源部：《国家工业战略2030》，2019。

欧盟委员会：《欧盟新工业战略》，2021。

日本内阁府：《科学技术创新基本计划（2021—2025）》，东京，2021。

牛志伟、邹昭晞、卫平东：《全球价值链的发展变化与中国产业国内国际双循环战略选择》，《改革》2020年第12期。

刘戒骄、王文娜、王德华、严锦梅：《美国复兴制造业政策有效性及中国的应对策略》，《中国软科学》2022年第7期。

理 论 篇
Theory Reports

B.4

企业数字化转型分级分类
评估诊断对标模型研究[*]

王庆瑜　付宇涵[**]

摘　要： 加快推进我国制造业数字化转型，是党中央、国务院作出的一项重大战略部署。近年来，我国制造业数字化转型已经进入创新突破、深入渗透、扩散应用的加速发展期，新一代信息技术的融合应用持续赋能实体经济高质量发展。经过长期理论研究与实践深耕，我国逐步探索形成以企业评估诊断为抓手的企业数字化转型工作推进思路，形成"现状诊断—问题定位—路径研究—分业施

---

[*] 本文图表数据均根据两化融合公共服务平台（www.cspiii.com）测算。

[**] 王庆瑜，国家工业信息安全发展研究中心信息化所工程师，资深研究员，从事两化融合、数字化转型相关领域研究；付宇涵，国家工业信息安全发展研究中心信息化所产业研究部主任，高级工程师，从事两化融合、工业互联网、数字化转型相关领域研究。

策—效果跟踪"的服务模式。在此基础上，本文进一步构建分级分类评估诊断对标模型，能够更加精准地摸清企业数字化转型发展水平及所处阶段，更有针对性地提升企业数字化能力水平，以数字化理念优化企业发展战略、业务流程、生产方式和组织形式，提高企业的可持续竞争能力，加快企业数字化转型进程。

关键词：　数字化转型　评估诊断　制造业　新型工业化

　　加快推进我国制造业数字化转型，是推动制造强国、网络强国和数字中国建设的有力抓手，也是加速经济社会高质量发展的必然选择。本文通过构建企业数字化转型分级分类评估诊断对标模型，细化具体的评价模块，明确评价指标体系和评价方法，为企业开展数字化转型分级分类评估工作奠定了理论基础。通过分级分类评估诊断对标模型应用，帮助企业摸清数字化转型发展现状，识别发展过程中存在的痛点问题，从而有针对性地提升企业数字化、网络化、智能化水平，进而"以点带面"推动制造业数字化转型不断深化。

一　推进产业数字化转型亟须构建分级分类评价体系

（一）加快推进我国产业数字化转型发展意义重大

　　随着互联网、大数据、人工智能等新一代信息技术在实体经济领域加速融合应用，推进产业数字化转型愈发重要，已经成为各国抢占新一轮产业竞争制高点的共同选择。一是数字化转型是走好新型工业化道路的必然要求。在国际环境复杂性、不稳定性、不确定性明显增加的背景下，加快推进制造业数字化转型，有助于赋能传统产业转型升级，促进新兴产业创新发展，形成叠加效应、聚合效应、倍增效应，驱动经济社会高质量发展。二是数字化转型是抢抓新工业革命机遇的战略选择。我国制造业规模已连续13年位居世界首位，我国建成了全球规模最大、技术领先的网络基础设施，规模优势不断巩固，体系完整优势更加凸显，通过推进产业数字化转型，我国正在加快从制造大国向制造强国转变。三是数字化转型是抢占国际竞争新高地的迫切需要。通过加快推进数字化转型，夯实数字化新型基础设施，深化大数据、人工智能等新一代信息技术应用，充分发挥数据要素的创新驱动作用，能够实现数字技术对经济发展的放大、叠加、倍增作用，为我国以国内循环为基础深度参与国际经济循环提供重要引擎。

（二）企业评估诊断成为数字化转型工作的重要抓手

在当前企业数字化转型需求迫切的背景下，组织开展评估诊断工作有助于明确和解决企业转型发展的痛点问题。一是有助于提高企业数字化转型认知水平。通过评估诊断和对标引导，提高企业管理层对于数字化转型的理解认识和重视程度，并将推进数字化转型定位为"一把手"工程，循序渐进地推动数字化、网络化、智能化水平提升。二是有助于形成数字化转型"一企一策"。能够通过线上自评估、线下深入访谈交流和现场调研等环节，全面掌握企业数字化转型的实际现状，重点明确企业转型发展的核心关切，高效帮助企业制定转型发展方案，降低企业的时间投入成本和试错成本。三是有助于掌握行业区域数字化转型全景图。持续依托评估工作广泛采集企业数字化转型评估指标数据，经过分行业、分区域测算分析，全面掌握不同行业、区域数字化转型发展情况，为全国和地方政府的统筹部署、分业施策与跟踪考核提供重要的数据支撑。四是有助于带动区域数字化水平全面提升，基于评估过程中汇集的企业数字化转型典型经验和实践案例，总结提炼行业共性问题和解决方案，挖掘一批做法先进、成效显著的标杆示范企业，并以示范标杆为引领，带动本地区企业数字化水平共同提高。

（三）完善分级分类评价体系成为评估诊断迫切需要

目前，面向企业数字化转型的评价大多是针对企业总体水平进行的，随着企业数字化水平的日益提升和转型需求的不断丰富，符合不同类型企业需求的分级分类评价体系成为评估诊断工作的迫切需要。一方面，企业发展特点与行业属性存在差异。在企业数字化转型评估诊断的实践过程中，不同规模、不同类型企业的转型发展方向、路径和方法等存在差异，导致其评估诊断的侧重点和需求也有差异，需在总体评价体系的基础上，根据企业个性化需求制定多套评估诊断问卷，以满足企业的分类评价需求。另一方面，企业数字化转型的水平程度存在差异。因此，需要根据评估诊断结果，按照科学、客观的分级标准，将企业数字化转型评估水平划分为多个层级，通过定义不同层级企业的数字技术融合应用深度与成效，直观呈现企业的数字化转型发展水平和特点，为更有针对性地提升企业数字化、网络化、智能化水平奠定基础。

二　企业数字化转型分级分类评价体系构建

（一）构建原则

一是要引导企业提升核心竞争能力。企业数字化转型评价体系重点关注企业通过应用新一代信息技术，实现先进装备建设改造、业务流程优化与管控、管理精细化和产业链协作的情况，以及由此获取与企业战略紧密相关、提升企业核心竞争力的情况。二是要推广企业最佳实践路径和方法。企业数字化转型评价体系聚焦我国制造业企业转型升级过程中面临的共性关键问题，挖掘不同类型、不同发展水平、不同阶段企业的最佳实践，并将其提炼和反映到评价体系各要素中，分析评价指标的相互关联性，为企业提供科学可行的数字化转型路径和方法。三是要促进新技术、新理念普及应用。企业数字化转型评价体系注重引导企业从自身战略目标出发，紧紧围绕技术、业务、管理和市场等各要素的发展需要，同时结合企业自身基础和内外部条件，统筹权衡并积极引进新一代信息技术和数字化理念，以新技术、新理念促进企业数字化、网络化、智能化水平提升。四是要遵循科学性、实效性和可操作性原则。企业数字化转型评价体系必须能够反映数字化转型的内涵与核心特征，结合企业数字化转型的内在需求，反映企业转型发展阶段和持续改进方向，并且评价指标数据易于采集和分析。

（二）主要视角

基于评价体系构建原则，结合长期推进制造业数字化转型的实践积累，制造业企业数字化转型评估诊断存在如下 7 个主要视角。一是以思维建立为前提。引导企业自上而下全面提升对数字化转型的认识，以数字化理念系统优化企业发展战略、组织结构、业务流程、生产方式、服务模式等。二是以数据驱动为核心。通过整合和提炼数据资源辅助决策和行动，集中体现于用数据说话、用数据决策、用数据管理、用数据创新、用数据赋能。三是以软件定义为映射。利用软件程序对产品赋予应用功能和使用价值，加快企业管理模式由"单项静态开环"向"双向实时闭环"的升级，为制造业数字化转型提供技术基础支撑。四是以平台赋能为联接。依托互联网平台实现资源高效科学配置，从而增强企业价值创造力和市场活力。五是以绿色安全为根本。通过落实企业绿色生产、安全生产主体责任，引导企业建立绿色安全监测预警机制，提高企业节能减排水平和安全风险防范能力，降低生产制造、库存管理等关键环节的事故发生率。六是促进企业数字化水平跃升。随着数字技术应用程度逐渐加深，企业不断实现由"数字化"到"数字化+网络化"再到"数字化+网络化+智能化"的水平层级跃升。七是推动制造业整体优化升级。依托企业数字技术融合应用，推动制造业整体生产方式重构与服务增值，进而增强制造业竞争优势，实现制造业高质量发展。

（三）评估框架

按照制造业企业数字化转型的典型实践经验，遵循评估框架构建的基本原则，从数字化管理保障、数字化基础支撑、业务数字化转型、数字化效能效益维度展开，构建企业数字化转型评估框架，如图1所示。

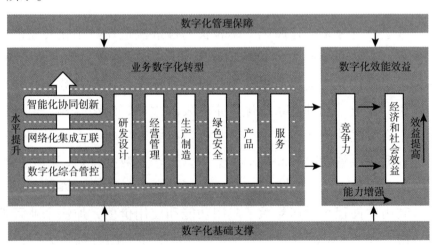

图1 企业数字化转型评估框架

资料来源：《制造业数字化转型评价框架体系白皮书》。

（四）评价指标体系

将评估框架的数字化管理保障、数字化基础支撑、业务数字化转型、数字化效能效益四个核心维度作为一级指标，进一步细化形成企业数字化转型评价指标体系，为具体开展评估评价工作提供理论指导，如图2所示。

（五）分级分类评价方法

分级评价方面，按照企业数字化转型评估诊断总得分和各维度主要评价维度的得分情况进行综合划分，将企业数字化转型发展水平归至L1~L5 5个层级，各层级水平逐步提升。其中，L1（入门级）企业开始引入数字技术，逐步夯实数字化发展基础设施和条件，数字技术与企业业务融合应用起步；L2（初级）企业通过应用数字技术，开始探索关键业务环节的数字化管控和数据开发利用；L3（中级）企业已经实现数字技术与单项业务的全面融合应用，开始探索打破业务环节间的壁垒，实现互联互通基础上的资源优化配置和统一管理；L4（高级）企业已经开始跨越边界实现企业间的网络化发展，在内部集成互联的基础上探索与利益相关方之间的业务协同和模式创新；L5（卓越级）企业在生产、经营、管理、服务等方面开展与智能技术的融合，催生新模式、新业态，企业活动的过程更加动态、开放、灵活，如图3所示。

基于两化融合公共服务平台超过25万家企业的评估诊断数据，测算得到企业数字化转型评估诊断得分，再结合各企业在数字化基础建设、关键业务环节应用、业务全面数字化应用、内部业务综合集成、企业间协同创新与智能化改造等方面的表现情况，经过多轮次反复测试验证，形成层级划分标准如表1所示。

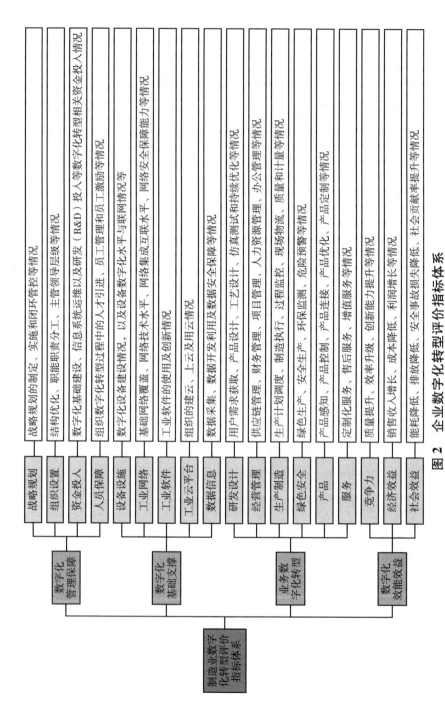

图 2　企业数字化转型评价指标体系

资料来源：《制造业数字化转型评价框架体系白皮书》。

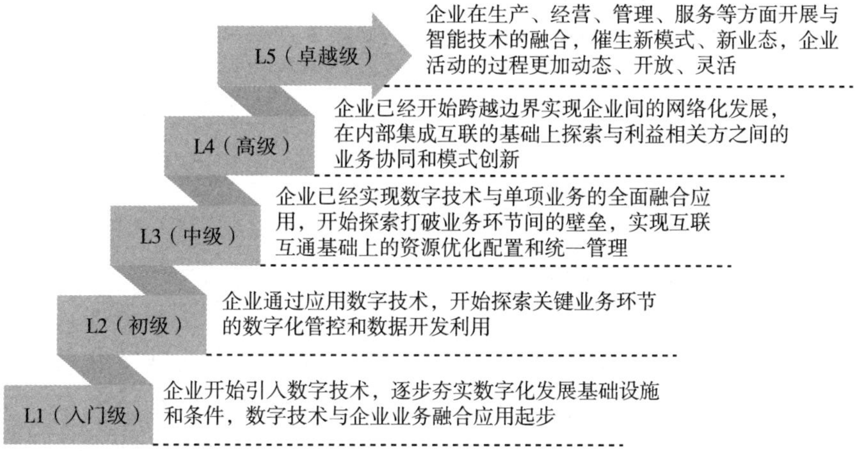

图 3 数字化水平跃升视角

资料来源：《企业数字化转型分级分类评估诊断对标模型研究报告》。

表 1 企业数字化转型评价水平层级划分标准

水平层级	总体水平得分	数字化管理保障	数字化基础支撑	业务数字化转型	数字化效能效益
L1（入门级）	≥10	—	≥10	—	—
L2（初级）	≥30	≥10	≥30	≥30	—
L3（中级）	≥50	≥30	≥50	≥50	≥10
L4（高级）	≥70	≥60	≥70	≥70	≥40
L5（卓越级）	≥85	≥90	≥90	≥90	≥70

资料来源：《企业数字化转型分级分类评估诊断对标模型研究报告》。

分类评价方面，按照不同类型、不同行业、不同规模等特征，对企业数字化转型进行分类评估诊断，每种类型企业设置相应的评估诊断问卷，企业根据自身实际情况进行选择。其中，按照国家统计局对工业的界定，将企业划分为制造业（流程型、混合型、离散型）、采掘、电力、建筑业、服务业、农业、林业等不同生产类型；

按照国家统计局的行业分类标准，将企业划分为冶金、石化、建材等不同行业类型；按照国家统计局《统计上大中小微型企业划分办法》，结合参与评估诊断企业的行业类型，综合考虑企业人员数量、营业收入、资产总额等指标，将企业按规模划分为大型、中型、小微型等不同规模类型。

（六）模块化评价方法

基于企业数字化转型评价体系，结合制造业企业数字化转型的长期实践经验，调研不同类型企业开展数字化转型评估诊断的个性化需求，围绕数字化管理保障、数字化基础支撑、业务数字化转型、数字化效能效益等方面，进一步梳理形成企业数字化转型的评价内容和评价条款，尤其在业务数字化转型方面，聚焦研发设计、经营管理、生产制造、绿色安全、产品、服务等关键业务环节，形成细化评估模块，为开展企业数字化转型的模块化评估奠定基础。其中，数字化管理保障维度主要包括战略规划、组织设置、资金投入、人员保障四个细化评价方向。数字化基础支撑维度主要包括设备设施、工业网络、工业软件、工业云平台、数据信息五个细化评价方向。研发设计数字化主要包括用户需求获取、产品设计、工艺设计、仿真测试、持续优化等具体流程；经营管理数字化主要包括供应链管理、财务管理、项目管理、人力资源管理、办公管理等具体流程；生产制造数字化主要包括生产计划调度、制造执行、过程监控、现场物流、质量和计量等具体流程；绿色安全数字化主要包括绿色生产、安全生产、环保监测、危险预警等具体流程；产品数字化主要包括产品感知、产品控制、产品连接、产品优化、产品定制等具体流程；服务数字化主要包括定制化服务、售后服务、增值服务等具体流程。数字化效能效益维度主要包括竞争力、经济效益、社会效益三个细化评价方向。

三　企业数字化转型分级分类评价应用

（一）企业总体评估诊断情况

从整体发展水平来看，2022 年我国企业数字化转型发展水平为 51.8，总体呈现"东部领先、中西部追赶"的态势。其中，浙江、山东、福建等东部沿海省份企业数字化转型发展水平较高，而内蒙古、甘肃、云南等西北部省份企业数字化转型发展水平则仍有较大的提升空间。数据来源主要包括：依托两化融合公共服务平台（www.cspiii.com）采集的企业数字化转型线上评估诊断数据，江苏省等部分省市的企业数字化转型线下诊断调研数据，以及全国 25 万余家企业两化融合评估诊断数据。

（二）企业分级评估诊断情况

从水平层级划分来看，2022 年我国企业数字化转型发展水平层级处于 L1 ~ L5 的比例分别为 32.8%、28.9%、20.6%、7.8% 和 0.3%，仍有 9.6% 的企业尚未开展数字化转型，如图 4 所示。

（三）企业分类评估诊断情况

从行业分类来看，电子、交通设备制造、石化行业的企业数字化转型发展水平较高，分别为 58.0、57.5 和 55.3，这些行业基于自身生产特点和产品特点，对生产过程数字化管控要求较高，数字化设备、网络、软件系统等基础条件较好，经过长期实践应用，数字化转型发展水平较高，逐步成为各行业的领跑者，如图 5 所示。

从企业规模分类来看，大型企业、中型企业、小微型企业数字化转型发展水平分别为 61.1、52.0 和 40.1，大型企业数字化转型发展

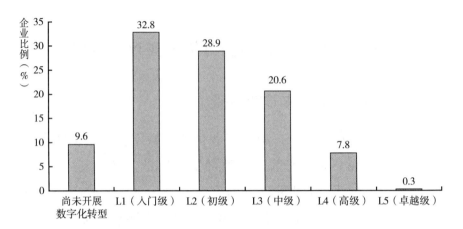

图4　全国处于各个数字化转型发展水平层级的企业比例情况

资料来源：《企业数字化转型分级分类评估诊断对标模型研究报告》。

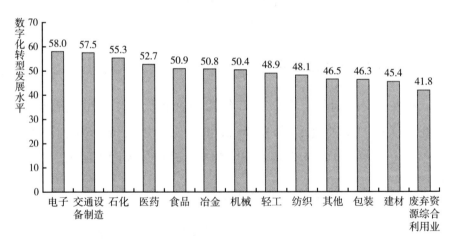

图5　全国各行业企业数字化转型发展水平情况

资料来源：《信息技术发展领域指标体系研究及工作总结报告》。

水平优势明显，中小企业保持追赶之势。近年来，大型企业持续加大数字化转型相关投入，积极探索新技术、新产品，培育新模式、新业态，数字化转型发展水平较中小企业具有明显优势。而中小企业则通过上云用云等方式，充分释放创新活力，同样有效提高数字化转型发展水平，与大型企业的水平差距持续缩小，如图 6 所示。

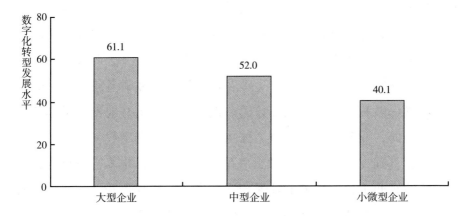

图 6　全国不同规模企业数字化转型发展水平情况

资料来源：《信息技术发展领域指标体系研究及工作总结报告》。

（四）企业模块化评估诊断情况

数字化管理保障方面，我国企业的数字化应用水平为 52.9，其中资金投入水平和战略规划水平分别为 44.1 和 61.6。数据显示，企业的资金投入与战略规划等能够在一定程度上保障数字化改造建设顺利推进，尤其对于数字化意识较强、转型动力充足的大型龙头企业，根据数字化转型发展的中长期战略规划，每年投入较多的资源推进数字化工作，且已经取得了显著的成效。

数字化基础支撑方面，我国企业的数字化应用水平为 61.3，其中数字化设备设施建设应用水平为 50.1，信息资源采集与积累水平为 72.4。总体上看，在企业数字化转型的各项主要工作中，数字化基础建设水平处于相对领先的位置，企业投资引进数字化设备设施、建设应用工业网络和平台、开展数据资源积累等的意愿更加强烈，这些做法能够在短时间内提升企业生产与管理效率的同时，为企业进一步提升关键业务数字化水平奠定良好的基础。

业务数字化转型方面，我国企业的数字化应用水平为47.9，其中研发设计、经营管理、生产制造、绿色安全、产品、服务等关键业务环节的数字化水平分别为44.3、49.1、45.2、53.9、45.8和49.2。业务数字化转型覆盖范围较广、涉及环节较多，在具备较为成熟的数字化管理保障和数字化基础支撑的前提下，才能更好地推进具体工作实施，因此，业务数字化转型总体水平得分通常低于数字化管理保障和数字化基础支撑。从横向对比来看，以冶金、石化等行业企业为代表的工业企业十分重视节能环保与安全生产，在绿色安全数字化方面投入力度较大，数字化水平也相对较高；此外，企业在经营管理数字化和服务数字化等方面，同样取得了一定的进展和成效。

数字化效能效益方面，我国企业的总体水平为56.0，其中利用数字技术实现的业务效率提升、财务流程优化、创新能力提升、经济效益提升、社会效益提升等维度的水平分别为69.9、39.1、51.7、63.6和55.6，企业通过推进数字化转型，在生产管理效率和经济社会效益等方面的价值成效体现较为明显。

四　结束语

企业数字化转型评估诊断工作为推动产业转型升级提供了重要抓手，本文围绕数字化管理保障、数字化基础支撑、业务数字化转型和数字化效能效益，创新性构建企业数字化转型分级分类评估诊断对标模型和评价应用方法，并基于理论模型对当前企业数字化转型发展现状进行了评价应用，实现了从理论到实践的全面闭环。未来，仍需进一步按照企业、行业、区域、生态的"点—线—面—体"模式，推广面向企业的数字化转型模块化评估诊断，研制面向企业数字化转型典型场景的评价标准，拓展面向行业数字化转型的评价监测指标，创新面向区域数字化转型现状及成效的评价体系，培育协同推进数字化转型的市场化生态体系。

参考文献

周剑、陈杰：《制造业企业两化融合评估指标体系构建》，《计算机集成制造系统》2013 年第 9 期。

陈杰、周剑、付宇涵：《我国工业企业两化融合评价体系及实证研究》，《制造业自动化》2016 年第 6 期。

付宇涵、高欣东、师丽娟、董豪、马冬妍：《面向 2035 年的"互联网+"管理体系图景探究》，《中国工程科学》2020 年第 4 期。

周剑：《两化融合通用参考架构与标准体系》，《计算机集成制造系统》2019 年第 10 期。

邱君降、王庆瑜、李君等：《两化融合背景下我国企业工业管理基础能力评价研究》，《科技管理研究》2019 年第 7 期。

国家工业信息安全发展研究中心：《制造业数字化转型评价框架体系白皮书》，2021。

国家工业信息安全发展研究中心：《企业数字化转型诊断指南》，2022。

国家工业信息安全发展研究中心：《中国两化融合发展数据地图（2022）》，2022。

B.5
云制造重塑企业数字化转型竞争格局

王丹　付宇涵　王庆瑜　张宏博*

摘　要： 新的科技革命与产业变革正以破竹之势重新塑造世界。数字经济作为主导变革的主力军，也正在重塑全球经济发展模式，供应链、产业链、价值链和服务链正处于调整时期。云制造作为我国独有的新型制造模式和推动企业低成本大规模利用的重要动力，对它的研究对推动企业数字化转型有着十分重要的意义。基于此，本文对云制造技术发展趋势与应用进行展望，希望对推动我国企业数字化转型有所帮助。

关键词： 云制造　企业上云　数字化转型

一　云制造发展概述

云计算技术在企业研发、生产制造、供应链等各个业务环节的融合应用，能够为企业降低成本、提升效益，企业创新，AI等新技术

---

* 王丹，国家工业信息安全发展中心信息化所工程师，从事两化融合、数字化转型等相关领域研究；付宇涵，国家工业信息安全发展中心信息化所产业研究部主任，高级工程师，从事两化融合、工业互联网、数字化转型等相关领域研究；王庆瑜，国家工业信息安全发展中心信息化所工程师，从事两化融合、数字化转型相关领域研究；张宏博，国家工业信息安全发展中心信息化所工程师，从事两化融合、数字化转型相关领域研究。

的应用创新提供有力支撑，在整个企业数字化转型过程中居于基础设施地位。上云，正是企业适应数字经济发展趋势、进行数字化转型和再生的重要途径，是推进工业互联网发展的重点内容，已经成为企业、政府促进实体经济和互联网深度融合、现代产业体系创新建设的共同举措。[①]

（一）云制造发展背景

在5G、人工智能、云计算、物联网、大数据等信息技术与产业技术不断发展的背景下，传统生产型开发模式已逐步向用户型开发模式演进，制造业正式由大规模生产模式走向用户型个性化服务模式的道路。而云制造这种新的生产模式恰恰是新一代信息技术应用于工业制造中，进而扩展到流通和消费领域的成果[②]。当前，云制造对制造业已经产生了很大的影响力。我国经济发展较好，居民收入水平稳步上升，为云制造产业构建了极佳的市场消费环境，同时产业政策对云制造产业经营助力效果较好，也对投资者政策环保效果较好。

（二）全球云制造发展态势

国际金融危机爆发后，发达国家开始推行"再工业化"，提出了许多战略计划，试图振兴制造业、占领高端制造市场、扩大竞争优势。云计算作为产业数字化转型的重要基础设施，在制造业变革中起到关键性支撑作用[③]。

---

① 李伯虎、张霖、王时龙、陶飞、曹军威、姜晓丹、宋晓、柴旭东：《云制造——面向服务的网络化制造新模式》，《计算机集成制造系统》2010年第1期；张曙：《工业4.0和智能制造》，《机械设计与制造工程》2014年第8期。
② 李伯虎、张霖、柴旭东：《云制造概论》，《中兴通讯技术》2010年第4期。
③ 杨海成：《云制造：服务型制造新模式》，《中国工业评论》2016年第Z1期。

全球发达国家整体技术和市场比较成熟，对云计算的商业和战略价值的认知更为深刻，云计算相关体系的刺激政策发布时间较早。在云计算的应用场景方面，美国已经迈过大规模企业上云阶段，开启实质性的云上价值挖掘阶段。

全球态势主要呈现为：美国领跑全球，中国主导亚太，中美云制造鸿沟持续收窄。美国云计算产业发展较早，发达的本土市场（产业规模全球占比为44%）、成熟完善的技术服务体系以及长期主导全球的霸权体系为美国云原生产业的全球化发展提供了绝对优势。目前，云原生基础技术在美已经成熟，行业用户接纳度较高，细分领域的中小创业公司与巨头已发展出良性的生态共生模式，商业路线逐渐清晰，大幅增强了资本信心，催生了一批百亿美元市值的云原生独角兽公司。

（三）我国云制造发展态势

我国各行各业的企业都在运用云计算、人工智能等新兴技术来提高企业的生产效率、创新能力以及资源利用率，从而引领发展模式的转变，为数字化转型的最终完成打下坚实的基础。政府方面出台一系列政策推动企业上云端、用云端，国务院《关于深化"互联网+先进制造业"发展工业互联网的指导意见》提出，要实现数百万企业上云端，鼓励中小企业业务系统向云端移植。在国家政策的推动和指导下，上海、江苏、浙江、湖北等几十个省市相继发布了企业上云政策文件，促进了云技术与制造企业融合发展。企业上云已成为促进实体经济和互联网深度融合创新、建设现代产业体系的共同行动①。

我国的云计算产业总体发展时间不长，虽然国内云原生已经在互

---

① 马冬妍、江鸿震、付宇涵：《工业企业云化指数构建及评估实证研究》，《制造业自动化》2018年第6期。

联网、金融等领域得到不断深入的运用，但传统制造、能源以及政务、军工等领域对云原生技术接受度不高，云原生化仍处于低位。业务云原生化的安全可靠性、迁移的高成本和效果不可预期是企业选择云原生技术的最大顾虑。而上述行业对于数据和业务的安全稳定要求更高，且大多选择私有云或混合云，这些方面的大的公有云服务商并不能全面涵盖，于是全国范围内孕育出一批容器云、云原生管理运维和云原生安全企业，并受到资本市场高度关注，融资规模渐趋稳定①。

二 云制造发展内涵

（一）以硬件、软件、数据、网络的融云应用为基础

企业对自身软硬件及其他信息技术要素进行云化处理，基本上就可以初步具备迁移到云端的条件。企业信息化基础设施上云是当前大多数企业优先选择的切入点和必要依据。利用云计算服务会大大降低企业信息化基础设施建设与运维成本，缩短信息系统建设周期，提高信息资源应用效率。云上底层生产设备与设施能较好地使企业在线释放制造能力，灵活供应制造资源，实时对接供需信息，进而达到提供交易能力可能性②。伴随着企业上云进程不断深入，数据采集、数据流通、数据共享等流程得到了有效落实，数据中潜藏的联系与规律也在不断地被发掘，越来越成为企业维稳生产、持续经营、有效决策等工作的重要基础。数据集中化、系统虚拟化、商业应用物理分布、接入终端移动化与消费化的发展趋势，对云服

---

① 刘永奎、王力翚、王曦、徐旬：《云制造再探讨》，《中国机械工程》2018 年第 18 期。
② 杨海成：《云制造是一种制造服务》，《中国制造业信息化》2010 年第 6 期。

务供应商与云服务应用企业提供信息与网络安全保障提出了更高要求。

（二）以制造环节为核心实现研发、仿真、经营管理等领域延伸和拓展

"云制造"作为一种以服务为导向、以效率为目标、以低耗为手段的新型网络化敏捷制造模式和技术手段，作为一种知识载体，必然推动制造业朝着服务化、敏捷化、绿色化和智能化的方向迈进。基于云计算的制造业融合了众多信息技术，形成了一个虚拟化的生产资源和能力池，完美实现了各种生产资源和能力的虚拟化、服务化、集中化、智能化管理和运营，在网络与云端制造平台支持下，达成多赢，普惠与高效共享与合作，向用户提供即用、方便、随用随取、安全可靠、品质卓越、价格低廉的全生命周期制造服务[①]。

除了依靠云计算技术提供的资源（如存储、计算机、数据和软件）之外，云制造资源种类也扩展到其他制造资源与制造能力，包括硬制造资源（如生产机床、加工中心、计算设备、仿真设备、测试设备等）、软制造资源（如各类制造模型、生产数据、产品软件、知识与信息等）和制造能力（如过程演示、产品设计、产物生产、应用实验、经营管理及集成能力）。云计算提供的服务也涵盖了云制造这一服务体系，制造生命周期的各个环节都存在服务交叉。在设计、生产加工、试验、仿真以及运营管理多种业务对计算设备基础设施提出要求的情况下，可以实现高性能计算集群、大规模存储以及其他 IaaS 类型的业务；当需要特定计算平台支持时可实现定制操作系统、中间件平台等 PaaS 服务；当需要各种专业软件工具来协助制作

---

① 李伯虎：《云制造系统 3.0——一种适应新时代、新态势、新征程的先进智能制造系统》，《电气时代》2022 年第 1 期。

工艺时，可以实现 SaaS 服务。当需要各种专业软件工具来协助制作工艺时，可以实现 SaaS 类服务。更有甚者，云制造除了以上服务之外，还专注于制造全生命周期所需的演示、设计、制造、测试、仿真、运行管理和综合管控。

（三）以实现泛在连接、模式创新、价值共创为目标

在上云基础日益巩固的情况下，企业在获得数字化能力、创新业务模式和实现创新转型发展等方面都有了更多的突破。企业通过业务系统向云端迁移，在核心业务系统上云的基础上，进一步突破信息孤岛，推动制造资源和数据的整合与共享，使企业能够利用云平台进行系统互联。云平台既能帮助企业超越内部整合困境，又能给企业带来协同创新和打造新型价值生态圈的契机。通过云端，实现跨企业协同设计制造、大规模个性化定制、服务化延伸、产业链协同、建设应用互联网的开放社区，是一种全新的合作方式及运行机制，企业对云的革新与突破，会由企业内部延伸至整个价值网络与产业生态[①]。

其中，融云集成主要体现在为企业内部业务的一体化管理和运营优化提供服务的企业基础平台，主要是在企业应用信息系统中实施产品设计与制造一体化、财务与业务一体化、产供销一体化、管理与控制一体化；云端协同是通过设计和制造协同、个性化定制、服务化延伸和产业链协同等具体体现出来的，其能够反映企业对于云端企业执行情况，企业与用户之间在市场、业务和信息上的合作与创新情况等；生态共建转化为利用云平台和大数据来优化整个价值网络的资源配置，从而实现以价值为导向的开放合作，与其他相关价值主体形成一个开放的、动态的生态系统，进而实现企业的全球智能优化。

---

① 李伯虎、张霖、任磊、柴旭东、陶飞、罗永亮、王勇智、尹超、黄刚、赵欣培：《再论云制造》，《计算机集成制造系统》2011 年第 3 期。

三　云制造加速企业数字化转型进程

（一）云原生技术体系日趋完善

随着市场持续增长，云技术也不断推陈出新，云原生采用率持续上升。超过40%的企业已经在使用容器技术，超过70%的私有云企业已经在使用或计划使用微服务架构。云原生融合新型信息技术，改变数、智、算的应用方式。云原生驱动技术架构、应用效能和云化效益等各方面升级，传统行业使用者逐渐在外围系统、次核心系统和核心系统等方面实现了云原生化的不同转型。云原生在技术门槛上进一步降低，在云数融合、云智融合和高性能计算等方面不断深入，促进了云、数、智的优质融合①。

云原生生态持续完善，向体系化应用演进。云原生底层核心技术已完成整合趋于成熟，细分领域的衍生技术呈井喷式爆发，当前的生态热点开源项目涵盖技术能力的方方面面。与此同时，云原生扎实的核心技术为跨领域融合的繁荣发展奠定了坚实基础。大数据、人工智能、区块链等云原生技术正成为大势所趋，一个以云原生为主线的融合应用时代即将来临。

（二）SaaS加速企业应用上云

越来越多的企业接受SaaS的模式。从业务上看，我国IaaS发展成熟，PaaS增长迅速，SaaS潜力巨大。企业商业模式持续变革，SaaS企业业务体系呈多元化发展，促进SaaS行业市场规模持续扩大。

---

① 朱建军、方琰崴：《面向服务的5G云原生核心网及关键技术研究》，《数字通信世界》2018年第2期。

近年来，SaaS 行业快速发展，应用场景日趋多元化。随着云计算、5G 等技术不断迭代优化，SaaS 行业步入发展的快车道，且应用场景逐渐多元化①。目前，大多数企业正在进行数字转型升级，纷纷涌入 SaaS 行业赛道。SaaS 的应用涉及众多领域，如直播行业、电商行业、营销行业、财税行业、人力资源行业、零售行业等。未来，SaaS 的应用场景将不断拓宽，帮助企业实现降本增效。

与此同时，SaaS 产品定制化发展成为行业新的增长点。中小企业数量不断增加，为有效管理公司及员工，企业对 SaaS 的服务需求激增。但不同行业有不同的商业模式，这使得 SaaS 软件所提供的服务无法完全满足它们的需求。为满足客户的多样化和特定化需求，SaaS 软件服务商或提供商需不断创新技术来满足企业的使用需求。越来越多的企业进行数字化转型，诸多行业的头部企业更偏好符合公司发展策略的定制化软件产品。

（三）分布式云成云计算新形态

分布式云或者分布式云计算是从部署在单一数据中心的云计算向部署在不同物理位置多数据中心的云计算拓展，由集中式架构向分布式架构拓展的新型模式。分布式云作为一种计算形式，其也是未来整个计算机行业制胜的突破口之一，对于支撑物联网、5G 等技术广泛应用具有举足轻重的地位②。

按照部署地点、基础设施、服务能力等因素，分布式云通常被划分为 3 种业务形态——中心云、区域云与边缘云。中心云是以传统集中式云计算架构为基础构建而成的，部署在传统数据中心内部，为云

---

① 昌中作、徐悦、戴钢：《基于 SaaS 模式公共服务平台多用户数据结构的研究》，《计算机系统应用》2008 年第 2 期。
② 郭生利：《分布式云数据中心解决方案浅析》，《中国金融电脑》2022 年第 1 期。

计算提供全方面服务；区域云处于中间层，其主要功能是有效地配置两端（即中心云和边缘云）；与中心云相比，边缘云建立在网络的边缘，靠近数据源和事物，提供弹性和可扩展的云服务能力，并支持与中心云的协作。在云与边缘的协同下，分布式云给边缘侧带来更多全局弹性算力资源与针对性算力。

随着云端协同的持续发展，包括工业在内的诸多领域都将以分布式云为主流。互联网云服务商基于中心云的服务基础将容器和微服务的容量延伸到边缘侧，为边缘侧的资源提供弹性的分布式算力，而从云端到边缘侧实现远程的资源业务调度、数据处理分析、服务编排、运维指令下达等操作，构建"中心云—边缘云"的分布式云架构；或者通过分布式云管理平台和边缘节点软件相互配合，实现边缘侧计算资源远程管控、数据处理和分析决策，为云边协同提供一体化综合服务。

（四）云计算提升企业生产率

在数字化转型进程中，数字基础设施被视为一种生产工具和数据。以云计算为重要推手，整合各类新兴技术，实现企业 IT 软硬件的转型升级，以及创新应用开发和工具部署，加速数据流动。切实促进应用的生产力[1]。

在资源粒度方面，云原生技术体系以容器为基本的调度单元，相比虚拟机资源的切分粒度细化至进程级，进一步提升了资源的利用效率。在资源弹性方面，容器共享内核的技术特点使载体更加轻量，秒级的资源弹性伸缩能力，能够更加快速灵活地响应不同场景的需求，大幅提升资源复用率。

---

[1] 陈俊斌：《基于云计算技术的企业数字化转型发展》，《中国新通信》2022 年第 8 期。

借助云原生技术标准化的交互方式，应用与应用基础设施（编程框架、中间件等）逐步分离，应用基础设施下沉和云平台全面集成，云能力和应用基础设施能力集成封装构筑了统一技术中台，为业务应用提供了简单、一致、易用的应用基础设施能力界面。技术中台化缩减了重复开发的人力与资源成本，降低了用户在基础设施层的心智负担，使用户能够聚焦价值更高的业务逻辑，提升研发整体效能。

实现了研发运营流程标准化，通过引入 DevOps 理念强化软件研发运营全周期的管理，从软件需求到生产运维的全流程改进和优化，结合统一工具链，实现文化、流程、工具的一致性，降低组织内部的沟通与管理障碍，加速业务的流程化、自动化。部署流程标准化，标准容器化的打包方式实现了真正的应用可移植性，使应用不再受限于特定的基础架构环境。

四 云制造发展趋势与展望

（一）建设完善政策体系，加强立法和标准研制

在云计算、人工智能和大数据等新技术迅猛发展的背景下，信息技术新浪潮来临。为了普及应用云计算，加速企业向网络化、数字化和智能化转变，促进互联网、大数据、AI 和实体经济深度融合，我国已出台《关于促进云计算创新发展培育信息产业新业态的意见》、《云计算发展三年行动计划（2017—2019 年）》以及《推动企业上云实施指南（2018—2020 年）》等多个聚焦云计算产业和云应用市场、推进企业上云端用云端政策文件，不少地方还陆续发布了有关推进企业上云端政策文件，我国政策体系日益完善，顶层设计逐步完善①。

---

① 王莹：《解码云制造》，《网络世界》2012 年 4 月 23 日。

但整体而言，不同区域和行业推动企业上云的力度和实施效果还存在较大差异，部分区域在创新工作抓手、拓展支持方式、确保政策兑现和考核工作绩效等方面存在明显不足。在后续的政策制定和落实过程中，还应进一步保持政策的延续性和稳定性，强化政策保障，重点是组织宣传培训，搭建服务平台，扶持创新创业，树立标杆示范，推动供需精准对接，强化安全保障，为企业上云创造良好的政策环境和有序的上云过程。

法律为维护市场秩序提供了强有力的手段，标准为产业竞争提供了制高点，强化立法与标准制定为我国云计算产业成长壮大提供了客观条件，更是我国云计算产业获得持续健康发展所面临的关键。近年来，我国在借鉴国际经验和研究成果的基础上，在加快推进网络信息安全和数据隐私保护立法、加快推进云计算标准制定与贯彻实施等方面做了大量工作，为此工业和信息化部印发了《云计算综合标准化体系建设指南》，从"云基础"、"云资源"、"云服务"和"云安全"四个方面构建云计算综合标准化体系框架。但目前，我国尚未形成相关领域完善的法律制度和全面的标准体系，特别是在数据迁移、服务质量保证、信息安全和隐私保护等相关领域。[①]为了确保云计算市场的健康有序发展，应统筹相关主体立法研究和标准研制的协同配合，并尽快出台保证数据隐私安全的法规、知识产权及其他法律法规，在云计算领域建设完备的标准体系并建立应用效果评估和改进完善机制，在立法和标准层面加大对云计算产业和企业上云的保障力度。

（二）以问题为导向，推动核心技术的突破和应用推广

云计算与制造业融合发展在走向市场化的过程中，在安全性、可

---

① 王丹、王庆瑜、付宇涵：《新形势下中国两化融合发展的新方向》，《互联网天地》2021年第8期。

用性以及性能等方面存在一些问题。这些问题的解决要依靠更先进的技术手段，即推动核心技术的突破及应用推广是解决当前面临问题的唯一途径①。

安全性方面，即云安全，安全技术涉及面较广，仅依靠企业单方面力量难以实现关键技术突破。应从政府层面组织相关研究单位共同起草、制定云安全架构，从技术顶层推动云安全技术的落地。

可用性方面，工业云平台软、硬件能否协同工作以及其面对日益增长的新功能、新需求能否及时、有效地回应客户需求是云计算与制造业融合应用推广所面临的重要难题，而从单一行业或企业方面考虑解决方案不利于技术的推广应用。应从政府层面组织多个行业、企业进行交流，共同探讨，从顶层实现工业云平台软、硬件重构技术架构设计，从而实现客户需求的及时响应。

性能方面，一方面，注重云计算本身相关技术架构的创新突破，着力发展边缘计算，构建"云—边—端"协同模式，实现计算速度的有效、大幅提升。另一方面，助力与云计算相关的其他技术研发，如5G、人工智能等技术，可有效提高数据的传输效率、计算能力，与云计算的融合发展可有效实现降本增效。

（三）找准上云切入点与发展路径，发挥企业上云实效

企业上云的庞大需求正在不断增加，《推动企业上云实施指南（2018—2020年）》已经明确提出了在2020年前在全国范围内新增100万家上云企业的要求。从需求侧企业当前面临的瓶颈来看，一是中小企业上云用云的积极性和主动性还需进一步激发。"为什么上云？""上云之后能做什么？"往往是中小企业上云最为关心的问题。

---

① 马冬妍、江鸿震、付宇涵：《工业企业云化指数构建及评估实证研究》，《制造业自动化》2018年第6期。

二是企业上云过程中遇到的技术和管理问题仍有待解决。不同行业企业上云需求点有所不同，难度也有所不同。虽然上云已在财务、人力资源、办公管理等系统得到较大范围的推广，但由于技术的限制，制造系统和生产研发系统上云仍是一大难点。三是上云路径不明晰，工业互联网的新模式、新业态还处于初期探索阶段，市场上成功的案例还比较少，可借鉴的经验不多，云计算如何适配企业业务变革是大多数企业思考的问题[1]。

对中小企业而言，要协助企业综合评价自己利用云服务所需的费用、能够得到的收益、将承受的风险以及可接受性等，吸取优秀企业发展的经验，消除对企业上云端的顾虑，调动企业上云端的能动性。中小企业可建设公有云平台并根据需要租赁必要基础设施资源。通过针对关键业务环节应用云服务，业务能力迅速提升，盈利水平不断提高。对大型企业来说，要结合企业发展规划、数据安全、业务与外界联系等要求，合理配置私有云与公有云共存的混合云架构，在适应其业务开展需要的前提下，对企业内外资源进行进一步的整合与共享，不断探索新型的业务模式与发展途径[2]。

（四）持续完善协同生态体系，推动产业整体升级

在云技术迭代升级的背景下，各行业正面临智能化、云化和生态化的不断更新与优化，各行业在"云"上迅速壮大，全面上云时代已悄然来临。成功部署云服务需要云公司、云平台提供商、云应用提供商、系统集成商、基础设施提供商以及相关行业组织和第三方组织继续深化合作。细化职责，理性推动实施。在促进企业上云用云进程

---

① 崔佳星、付宇涵、马冬妍、王庆瑜：《中国大型企业工业软件应用现状及绩效提升关联分析》，《科技导报》2023 年第 2 期。

② 杨舒：《H 公司云制造模式赋能企业数字化转型研究》，电子科技大学硕士学位论文，2022。

中，以"开放、协作、双赢"为理念，覆盖上述各方推动主体的云生态正逐渐形成。目前，建设云生态已成为云服务提供商关注的焦点和云服务应用企业共同的发展要求①。

云生态系统的组建和完善将会协同并整合更多生态资源，通过技术创新促进生态创新与升级，并通过各方不断增值促进主体竞争力及商业价值提升，为各行各业数字化转型及产业升级做出贡献。为了不断建设完善的云生态体系并以价值共创赋能产业发展，生态系统内部相关各方及推进主体要以互联网和大数据为支撑，以人工智能等新兴信息技术加强商业实践与技术积淀。一方面需要不断提升云平台的赋能能力，借平台集聚各种技术、数据与资源，促进平台参与主体的快速分享、升级并达到软件化、平台化、模块化与通用化；另一方面也是对平台自我创新的回哺。另外应持续增强共创共赢能力，打造资源共享开发、策略配置、协同合作、精准对接和共创价值等平台新型商业模式，使平台由产品服务交易向以能力为中心的交易方式转变，推动整个云生态健康、快速地成长与发展②。

参考文献

李伯虎、张霖、王时龙、陶飞、曹军威、姜晓丹、宋晓、柴旭东：《云制造——面向服务的网络化制造新模式》，《计算机集成制造系统》2010 年第 1 期。

张曙：《工业 4.0 和智能制造》，《机械设计与制造工程》2014 年第

---

① 中国信息通信研究院：《云计算发展研究》，《大数据时代》2020 年第 8 期。
② 龚思兰、吴雯、张燕：《关于〈推动企业上云实施指南（2018—2020 年）〉的分析与思考》，《通信企业管理》2018 年第 10 期。

8 期。

李伯虎、张霖、柴旭东：《云制造概论》，《中兴通讯技术》2010 年第 4 期。

杨海成：《云制造：服务型制造新模式》，《中国工业评论》2016 年第 Z1 期。

马冬妍、江鸿震、付宇涵：《工业企业云化指数构建及评估实证研究》，《制造业自动化》2018 年第 6 期。

刘永奎、王力翚、王曦、徐旬：《云制造再探讨》，《中国机械工程》2018 年第 18 期。

杨海成：《云制造是一种制造服务》，《中国制造业信息化》2010 年第 6 期。

李伯虎：《云制造系统 3.0——一种适应新时代、新态势、新征程的先进智能制造系统》，《电气时代》2022 年第 1 期。

李伯虎、张霖、任磊、柴旭东、陶飞、罗永亮、王勇智、尹超、黄刚、赵欣培：《再论云制造》，《计算机集成制造系统》2011 年第 3 期。

陶飞、张霖、郭华、罗永亮、任磊：《云制造特征及云服务组合关键问题研究》，《计算机集成制造系统》2011 年第 3 期。

朱建军、方琰崴：《面向服务的 5G 云原生核心网及关键技术研究》，《数字通信世界》2018 年第 2 期。

昌中作、徐悦、戴钢：《基于 SaaS 模式公共服务平台多用户数据结构的研究》，《计算机系统应用》2008 年第 2 期。

郭生利：《分布式云数据中心解决方案浅析》，《中国金融电脑》2022 年第 1 期。

陈俊斌：《基于云计算技术的企业数字化转型发展》，《中国新通信》2022 年第 8 期。

王莹：《解码云制造》，《网络世界》2012 年 4 月 23 日。

王丹、王庆瑜、付宇涵：《新形势下中国两化融合发展的新方向》，《互联网天地》2021 年第 8 期。

马冬妍、江鸿震、付宇涵：《工业企业云化指数构建及评估实证研究》，《制造业自动化》2018 年第 6 期。

崔佳星、付宇涵、马冬妍、王庆瑜：《中国大型企业工业软件应用现状及绩效提升关联分析》,《科技导报》2023 年第 2 期。

杨舒:《H 公司云制造模式赋能企业数字化转型研究》,电子科技大学硕士学位论文,2022。

中国信息通信研究院:《云计算发展研究》,《大数据时代》2020 年第8 期。

龚思兰、吴雯、张燕:《关于〈推动企业上云实施指南(2018-2020年)〉的分析与思考》,《通信企业管理》2018 年第 10 期。

B.6
企业数字化转型场景建设机制研究

王琦　付宇涵　王庆瑜*

摘　要： 伴随大数据、人工智能、云计算、区块链、量子计算等新一代信息技术与制造业深度融合，加速制造业数字化转型已经成为世界巩固制造业领先优势的战略共识。当前，我国推动企业数字化转型场景建设的顶层设计不断夯实，政策体系日趋完善，为制造强国、网络强国、数字中国建设奠定了坚实基础，但国内对于场景的内涵和运作机制等问题还没有得到科学结论。对此，本文以场景建设为切入点，系统分析数字化转型场景内涵与外延，围绕各阶段建设主要内容与实施机制，形成"需求识别—场景培育—成果评估—赋能推广"的标准化建设机制与方法，对企业如何建设数字化转型场景给予了详尽的回答。

关键词： 数字化转型　场景培育　制造业

---

* 王琦，国家工业信息安全发展研究中心信息化所工程师，从事两化融合、数字化转型相关领域研究；付宇涵，国家工业信息安全发展研究中心信息化所产业研究部主任，高级工程师，从事两化融合、工业互联网、数字化转型相关领域研究；王庆瑜，国家工业信息安全发展研究中心信息化所工程师，从事两化融合、数字化转型相关领域研究。

一 企业数字化转型场景建设背景

本节以场景建设为切入点，围绕国家顶层设计、地方政策落实等方面，对场景驱动的国有企业数字化相关政策举措进行梳理，剖析国家层面政策的发展脉络和重点，归纳部分地方的主要做法，为今后推进数字化转型场景建设提供参考与借鉴。

（一）数字化转型场景建设已上升为国家战略

在国家数字化转型的探索中，场景逐渐成为热门关键词。2021年3月颁布的《中华人民共和国国民经济和社会发展第十四个五年规划和2035年远景目标纲要》以专栏形式呈现了智能交通、智慧能源、智能制造、智慧农业及水利、智慧家居、智慧政务等10个领域的数字化应用场景发展方向，数字化转型场景建设工作前所未有地被提升至国家政策高度。2022年1月，中华人民共和国国务院印发《"十四五"数字经济发展规划》，围绕技术与场景融合发展，提出鼓励市场力量挖掘商业数据价值，推动数据价值产品化、服务化，大力发展专业化、个性化数据服务，促进数据、技术、场景深度融合，满足各领域数据需求。实施产业链强链补链行动，加强面向多元化应用场景的技术融合和产品创新，提升产业链关键环节竞争力，完善5G、集成电路、新能源汽车、人工智能、工业互联网等重点产业供应链体系。

（二）数字化转型场景建设成为产业政策高频词

从我国的数字化转型实践看，场景建设时代已经到来。在国家政策的引导下，各省（自治区、直辖市）高度重视推进数字化转型场景建设工作，结合本地数字化基础与产业特色制定差异化的发展政策，并以场景建设为着眼点，利用多元化的政策工具支持产业发展，区域错位发展体系初步建成。

上海：工业场景沉淀与复用。上海以提质增效为导向，以"知识化、质量型、数字孪生"为主线，聚焦实施"工赋上海"计划，加快创新发展，要求通过应用场景牵引，促进新模式新业态加速涌现。

安徽："5G+场景"建设与应用。安徽以行业示范应用引领全省"5G+场景"应用加快推广，以工业互联网创新发展为抓手，积极推广科技、数字、产业链赋能创新模式，通过应用场景牵引，助力制造业高质量发展迈上新台阶。

青岛：工业互联网场景培育与应用。近年来，青岛将发展工业互联网作为城市能级跃迁的重大机遇，提出打造"世界工业互联网之都"战略目标，以工业互联网为主抓手，主动谋划新增长空间，以"数字蝶变"加速"城市蝶变"。

合肥："全领域+全市域+全流程"场景创新。《合肥市实施场景创新三年行动方案（2022—2024 年）》提出，要全面开放企业生产、政府应用、城市建管三类场景，推进全领域、全市域、全流程场景创新，不断塑造发展新动能新优势。

北京：场景驱动数字经济技术创新。《北京市加快新场景建设培育数字经济新生态行动方案》指出，以场景驱动数字经济技术创新、场景创新与新型基础设施建设深度融合为引领，聚焦人工智能、5G、物联网、大数据、区块链、生命科学等领域新技术应用，积极推广新业态新模式。

二　企业数字化转型场景的内涵与外延

本节以"场景"概念为源头，深度解读场景、数字化场景、企业数字化转型场景等内涵外延，层层递进，逐级挖掘，形成一脉相通的企业数字化转型场景概念。

（一）企业数字化转型场景的内涵

"场景"通常通过时间、地点、主体和需求等要素来表现，是特定某一状态下的时空背景，可以理解为"场合+情景"。

企业数字化场景强调数据技术对商业模式的重塑，在整合信息化的基础上，提升企业对数据的处理能力，将企业的人、财、物、事，全面实现数字化运作，实现信息数字化、流程数字化、业务数字化三个过程，有利于发挥产业内部数据的潜力和价值，促进产业数据的横向、纵向融通，实现集成式发展。

企业数字化转型场景指企业以推动业务变革创新和解决业务痛、难点问题为目标，以激发数据要素创新驱动潜能为核心，通过引入数字化设备、应用数字化技术、建设数字化系统等方式，加快数字技术成果应用推广，促进新一代信息技术与业务深度融合，加速传统业务的重塑与优化，实现生产模式、管理模式、业务模式、商业模式系统性创新。

（二）企业数字化转型场景外延

1.以效能提升为目标，强调场景赋能与创新

场景建设的长期目标是要发挥场景建设对业务赋能与模式创新的作用，捕获效益增长，提升市场价值。一方面，数字化转型场景建设旨在创造降本增效潜能。通过全价值链的数字化转型，包括研发设计自动化、生产运营自动化、经营管理自动化、供应链协同互联等场景的建设，大幅提高资源管理效率，促进业务和流程数字化变革，创造降本增效的潜力。另一方面，数字化转型场景建设旨在提升组织营收能力，带来显著的财务价值。通过新一代信息技术与业务场景的深度

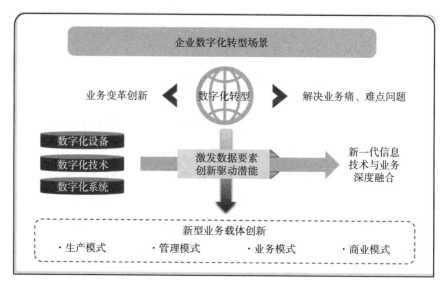

图1 企业数字化转型场景定义

融合，推动场景与业务模式创新，实现组织业绩增长，提供可持续发展的不竭动力。

2. 以数据为核心要素，强调场景驱动与支撑

场景建设需以数据为核心要素，形成数据价值体系，发挥数字化转型场景对业务管理与经营决策的驱动支撑作用。一方面，场景赋能业务管理。伴随人与人、人与物、物与物在数字经济时代建立起来的深入连接，企业内部产生了大量的数据，在数据建模、数据加工、数据洞察等应用场景的驱动下，企业规范业务发展。另一方面，场景支撑管理决策。数据采集、数据治理、数据建模、自动决策、指挥执行、反馈改进等场景的建设可提升管理精度，促进企业管理决策方式创新。

3. 以业务流程为切入点，强调场景优化与规范

场景建设需以业务流程为切入点，形成场景对流程管理与组织变革的规范与优化能力。一方面，场景优化组织运营管理过程。通过业

务流程管理数字化过程，能够实现信息技术与组织生产工艺和管理流程、组织管理体系等的有机融合，依托数字化转型场景建设改变传统的业务模式。另一方面，场景规范组织工作流程。在实际业务场景中，通过业务管理平台建设，构建互联的技术框架，形成业务流程数字化、结构化模型，基于流程监控与数据分析，进行持续优化，改进工作流程，实现组织的变革管理与创新。

4. 以战略闭环为统筹，强调场景布局与统筹

场景建设需以战略闭环为统筹，提升场景对转型战略全面布局与系统统筹的能力。一方面，场景建设促进数字化转型战略形成闭环。数字化转型战略闭环是组织数字化转型的核心前提和所有场景活动的顶层设计，强化数字化转型场景建设可助力企业抢占数字化发展先机。另一方面，场景建设加强整体组织战略实现。通过场景建设加强数字化转型战略闭环形成，促进业务场景、技术、管理等相关战略协同关联，并实现与职能战略、业务战略及产品战略等有机融合，全面支撑企业总体发展战略实现。

5. 以模式创新为需求，强调场景优化与发展

场景建设需以模式创新为需求，加强场景对工艺流程、产品与服务创新、商业模式的设计与优化。一是数字化转型场景促进工艺流程优化创新。通过工业互联网、人工智能等高新技术赋能场景建设，解决设计与工艺协作不畅、工艺与制造脱离、无标准可依、工艺设计及审查流程形式化等问题。二是数字化转型场景驱动产品和服务发展。组织数字化转型场景建设需沿着产品和服务链开展价值创造，利用产品和服务创新开辟业务增量发展空间，获取新技术、新产品、新服务延伸与增值。三是数字化转型场景加强商业模式迭代创新。场景建设将突破现有业务的范围，为企业增量业务发展拓展价值空间。

6. 以人本文化为引领，强调场景共创与能动

场景建设需以人本文化为思维导向，促进数据思维、用户共创、协同共赢、持续学习、创新容错的人本文化形成与共创。一方面，场景建设加快数字文化共创，驱动企业各个部门参与组织数字化转型变革。具体包括核心业务部门、相关技术部门、管理部门等，团队成员需要包括各部门的"一把手"，以此来确保数字化转型的上传下达与整体推动，同时数字化转型场景的建设与实施依赖基层员工的配合，探索业务一线数字化转型需求，并获得减负成效、激发动能，实现全员参与变革与共创。另一方面，场景建设能动地关联产品和服务终端用户。通过数字化转型场景建设，企业深度挖掘用户个性化需求，创新生产和服务方式，提升用户在数字化转型场景建设中的参与感，形成价值共创。

三 企业数字化转型场景建设原则

遵守数字化转型场景建设原则将使场景建设过程更加规范化和标准化，确保在统筹规划要求下，企业内部各项数字化转型场景建设流程的操作符合总体工作要求。本节将围绕领导统筹、持续演进、业务驱动、全局优化、适度节奏、开放协作六个方面详细论述。

（一）坚持领导统筹

要求最高管理者、中层管理者，基于战略决策、统筹水平、执行落实角度发挥主观能动性，充分识别各业务场景的转型需求，并负责实施。最高管理者在数字化转型创新场景建设中需加强自身学习意识，深化对场景驱动下的数字化转型迫切性和必要性的认识。逐步完善企业数字化转型思维培养体系，不断增强管理层及集团全员的数字化转型意识，自上而下营造良好的变革氛围，持续构建集团内部数字

化转型推进机制，保障转型所需资源有效供给，综合提升认识水平，加强变革决心，提高领导能力。中层管理者需提升变革统筹水平、执行力。在数字化转型创新场景建设中管理者代表应覆盖组织的所有职能部门和层次，获得最高管理者合理授权，能够科学高效应用数字化手段解决企业生产、经营和决策过程中存在的实际问题。

（二）坚持持续演进

数字化转型场景建设要与组织发展有机结合，与之相适应，长期持续推进，要将组织快速发展对数字化转型场景的迫切需求落到实处，防止数字化与组织业务、管理发展脱节。具体而言，可设置可量化的数字化转型目标，如在市场响应能力方面，数字化转型场景培育是否使企业在对市场的新趋势和变化作出反应时更加敏捷；在总体速度方面，数字化转型场景培育是否使团队能够更快地达成业务目标。同时，组织应增强执行力，坚定数字化转型的信心、决心和恒心，形成良性循环。

（三）坚持业务驱动

将数字技术渗透融入组织微观场景，企业需自下而上地开启数字技术驱动业务流程并实现数字化转型升级之路。不同业务或职能领域根据业务需求引入数字技术、智能设备、信息系统，进而对某个业务场景、业务流程进行小范围改造，由此产生相对成熟的数字化转型场景培育实践经验。由具体业务管理单元流程数字化改造逐渐实现组织全范围覆盖，驱动企业组织形态、管理模式变革，最终实现数字化转型。

（四）坚持全局优化

将组织数字化转型场景培育视为有机整体，并以系统方法进行管理，形成业务场景数字化与组织整体数字化的双轮驱动。数字化转型创新场景建设是组织战略级任务，从全局角度对组织数字化的整体运行进行全面管理，实现动态改进和全局优化。以系统方法进行科学管理，明确组织数字化转型总体与局部的分解关系以及分工协作机制；充分应用新技术、新方法、新理念，全面提升转型有效性，实现全局优化。

（五）坚持适度节奏

"适度节奏"地推进数字化转型，并围绕关键业务环节，重点部署高优先级业务场景数字化转型工作。一方面，数字化发展的前进路径、商业模式具有较大的不确定性，存在阶段性试错的时间成本、机会成本和金钱成本。同时受各种因素制约，企业数字化转型场景建设要打好时间提前量，以应对数字技术发展的日新月异。另一方面，围绕关键业务环节，明确数字应用场景之间的逻辑关系，选择适合的数字化创新场景项目作为突破口。重点部署高优先级业务场景数字化转型工作。具体可从场景建设紧迫程度、价值体现、见效时间等多个维度综合考量。

（六）坚持开放协作

伴随市场需求表现出的开放性、动态性、个性化的新趋势，企业要服务于市场和用户，逐步建设动态的价值网络，同时要以用户需求为中心，在整个价值网络范围内优化资源配置。一是要重构和整合组织内外部资源要素，加快转变资源独占等传统落后的资源要素观念，强化资源共建共享意识。二是建立灵活机动的组织管理形态，形成流程驱动、项目驱动、协同协作的动态组织架构，以应对企业内部的组织刚性强等问题。三是探索开放的价值网络，应用 IT 手段，实现高度协作、降本增效的供需对接和集成运作系统。

四 企业数字化转型场景建设机制

与常规的信息化建设或设备升级改造不同，企业数字化转型需要将转型路线同具体实际的业务场景相结合，从业务场景中衍生出转型升级的具体需求，系统梳理业务本质，明确转型措施，提炼出可复制、可推广的模块化转型场景。具体来看，数字化转型场景建设需要企业应用新一代信息技术赋能生产经营环节和业务场景，通过需求识别（Plan）—场景培育（Do）—成果评估（Check）—赋能推广（Action）的标准化规范，优化和创新企业的体系、生产方式和组织机制等，最终实现价值体系的重构、制造业数字化转型场景的建设培育。

（一）场景建设的需求识别阶段

1. 识别业务痛点与难点

企业要避免陷入盲目堆砌大量新型数字化技术而不顾业务需求的工具陷阱，组织内部应围绕业务环节中亟待解决的难点与痛点选择合适的数字技术。依靠数据、算法和模型发挥数据驱动的作用，更迅速、智慧地响应企业的业务和管理需求。

2. 明确数字化转型目标

为应对技术和市场的快速变化，企业需要不断感知最新数字化趋势和机会。一方面，需识别机会、威胁，确定数字化转型需求；推进数字化转型场景建设，既要将现有技术应用于特定场景，也要基于未来趋势与愿景需求。另一方面，企业需要建设多元应用场景，强化从数字化转型的智慧愿景规划、业务架构设计、技术架构规范到项目实施落地与数字化的融合。

3. 打造业务流程闭环

在需求识别阶段，一方面，企业需要自上而下系统地推进技术维度改造与建设，最终实现以全业务场景的数字技术融入和管理变革为终点的数字化转型。另一方面，企业需要自下形成反馈闭环。如果数字技术渗透融入组织微观场景，企业将自下而上地开启数字技术驱动业务流程。

（二）场景建设的培育阶段

1. 合理投入要素资源

企业需要合理统筹配置资金投入、人才保障、数据开发、信息资源、网络与数据安全等方面。在资金投入方面，需持续对数字化资金的投入与使用进行统筹安排和优化调整，确保资金投入与使用的合理性和及时性；在人才保障方面，对人员提出数字化能力和素质考察要求，建立数字化转型相关的人才保障制度；在数据开发方面，建设统一数据底座支撑业务数字化运营；在信息资源方面，明确完善信息资源的保障制度；在网络与数据安全方面，保障网络信息的存储安全、传输安全和使用安全，实现数据自身安全及防护安全。

2. 打造网络业务流程

在场景培育阶段，企业价值创造流程逐渐趋于非线性化，向多维、复杂、动态的价值网络转变。产品通过网络连接，实现协同共享设计和研发，赋能网络化协同、服务化延伸、智能化制造等业务模式的创新和发展。

（三）场景建设的成果评估阶段

在场景评估阶段需定期监测与考核业务流程。研发设计场景主要针对数据处理等流程的管控、规范化和标准化进行评估；在设备、算法、数据、项目等方面进行个性化的管理评估。生产运营场景主要对业务流程中的业务架构、产品线业务、业务协同效率、业务生态、业务创新的效率与创新性进行评估。经营管理场景主要聚焦数据指导业务、业务执行线上化、业务交互的方法，重点评估全链条、闭环管理、精益管理的能力与水平。用户服务场景评估厘清业务逻辑，保证业务连续性，将用户价值创造作为出发点，主动发现、广泛采集并精准对接用户需求，评估会员运营模式、顾客精细化管理水平。产业协同场景主要关注规范业务流程、风险监控、管理成本，重点评价运维管理、设备管理，重点关注产业链资源协同、人才联动、业务整合等方面的能力。

（四）场景建设的赋能推广阶段

1.打造生态级业务流程，创造价值增量

赋能推广实施过程需要打造生态级业务流程，创造价值增量。一方面，形成基于业务场景的数字化转型实施方案，通过梳理各类场景，明确原本的工作场景和产品建造场景中，哪些可以数字化，数字化转型场景如何与物理场景交互组成完整场景。另一方面，利用成熟的技术，解决企业的实际管理问题。需要注意的是，很多技术企业往往还要做一些必要的二次开发、应用与联通工作。

2.形成可复制的数字化转型场景建设系统解决方案

企业在具体进行数字化转型建设时，从基础设施云化开始，逐步实现业务触点数字化、业务在线化、运营数字化及决策智能化。而数字化的各步骤建设，能够实现企业营销端、生产端和供应端的全链路环节的覆盖。通过数字化制造、数字化供应链管理，实现各环节降本增效，进一步实现价值创造。

五　结束语

基于场景建设成效快、易管理、反馈及时等特点，企业数字化转

型需以业务需求为着眼点，通过挖掘业务数字化需求，按照需求识别—场景培育—成果评估—赋能推广的标准化步骤进行场景建设，逐步加快数字应用，完善数字化基础设施，加强数字资源积累，提升数据计算能力，实现研发设计、生产运营、经营管理、产业协同、用户服务等关键业务的数字能力提升。

参考文献

《中华人民共和国国民经济和社会发展第十四个五年规划和 2035 年远景目标纲要》，2021。

《"十四五"数字经济发展规划》，2022。

合肥市人民政府：《合肥市实施场景创新三年行动方案（2022—2024年）》，2022。

北京市人民政府：《北京市加快新场景建设培育数字经济新生态行动方案》，2020。

高骞、史晓琛、黄佳金、钟灵啸、王培力：《推进数字化转型应用场景建设需要关注的问题与相关建议》，《科学发展》2022 年第 9 期。

产 业 篇
Industry Reports

B.7

我国冶金行业数字化转型现状与趋势*

王丹　付宇涵　王庆瑜　张磊　王琦**

摘　要： 冶金行业作为我国国民经济支柱产业之一，大力地支持
了建筑、国防、航空航天等产业的高质量发展，冶金行
业数字化转型是实现高质量可持续发展的必然要求和现
实路径。本文通过总结冶金行业当前发展现状与瓶颈，
从数字化、网络化、智能化以及新模式新业态等方面对
冶金行业数字化发展现状进行量化分析。在此基础上，

---

* 本文图表数据均来源于两化融合公共服务平台（www.cspiii.com）。

** 王丹，国家工业信息安全发展研究中心信息化所工程师，从事两化融合、数字化
转型等相关领域研究；付宇涵，国家工业信息安全发展研究中心信息化所产业研
究部主任，高级工程师，从事两化融合、工业互联网、数字化转型等相关领域研
究；王庆瑜，国家工业信息安全发展研究中心信息化所工程师，从事两化融合、
数字化转型等相关领域研究；张磊，国家工业信息安全发展研究中心信息化所工
程师，从事两化融合、数字化转型、先进制造业相关领域研究；王琦，国家工业
信息安全发展研究中心信息化所工程师，从事两化融合、数字化转型相关领域
研究。

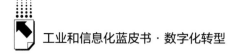

提出冶金行业数字化转型四大趋势，为冶金行业转型升级提供参考。

关键词： 冶金行业　数字化　转型升级

一　我国冶金行业发展概况

冶金行业是我国重要的原材料行业，兼具流程与离散的制造特征，是典型的混合制造行业，对能源管控、质量管控等方面要求极为严格，基于稳定生产与产能平衡的高端产品制造是行业发展的重要方向，历经三四十年的发展，冶金行业集约高效、实时优化的智能生产新体系正逐步构建。然而，目前，我国冶金行业依旧存在产业集中度不高、高端产品产能缺乏、低端产品严重过剩的问题①。因此，开展冶金行业现状及其发展趋势的分析，提升行业数字化转型水平具有重要意义。

（一）冶金行业发展现状

1.矿产资源丰富

矿产资源作为自然资源的重要组成部分，是人类社会生产生活的重要物质基础。新中国成立 70 多年来，在矿产资源勘查开发方面取得了巨大成就，建成了较为完善的资源供应体系，为我国各产业经济的持续快速协调健康发展提供了重要保障②。我国矿产资源供应能力

---

① 韩朋君：《打造智慧冶金，助力钢铁企业数字化转型》，《冶金财会》2019 年第 9 期。
② 易平涛：《智慧冶金 赋能产业数字化转型升级》，《冶金经济与管理》2022 年第 6 期。

较强，70%以上的农业生产资料、80%的工业原材料、92%以上的一次能源等，均来自矿产资源。

我国已发现的矿产资源种类比较齐全，资源存储总量比较大。煤、铁、铅等支柱性矿产查明资源储量较高。煤、稀土、锡等矿产资源保有量位列世界前茅。地热、矿泉水资源总量较大，地下水质量总体较优。

2. 创新体系不断完善

我国冶金行业始终把解决制约行业发展的关键技术作为自主创新的重点，汇集多方资源、创新优势，组织开展高新技术攻关[1]。通过以市场为导向、企业为主体、产学研相结合的技术创新战略联盟等有效组织形式，集聚技术、资金、人才、平台资源，实现了技术引进、吸收、消化、再创新和集成创新，形成了一批具有自主知识产权、居世界领先地位的核心技术，冶金行业整体工艺技术水平有所提高，产品品种结构明显改善，为行业可持续发展发挥了战略支撑和创新引领作用。

目前，国内自主研发的液态高铅渣直接还原、底吹炼铜、一步悬浮炼铜、海绵钛大型还蒸炉等技术已在生产环节广泛应用，实现产业化。此外，新型阴极结构等铝电解等技术已居世界领先水平并出口国外[2]。目前具有国际先进水平的铜、镍冶炼产能占95%，大型预焙槽电解铝产能占90%以上，先进铅熔炼及锌冶炼产能分别占50%和80%。全国多条具备国际先进水平的铜、铝加工生产线已投入生产。

---

[1] 王运敏：《冶金矿山采矿技术的发展趋势及科技发展战略》，《金属矿山》2006年第1期。

[2] 卿文权：《有色冶金技术的现状与发展研究》，《中国金属通报》2023年第1期。

3. 结构调整成效显著

2021 年，国家制定了冶金、建材等重点行业《严格能效约束推动节能降碳行动方案（2021—2025 年）》，旨在推动水泥、钢铁、电解铝、平板玻璃等行业集聚发展，提高集约化、现代化水平，合理配置资源，形成规模效益，全面降低单位产品能耗。加快推进水泥、钢铁、电解铝、平板玻璃等行业兼并重组，打造产业链条，进一步优化产业布局，依托现有生产基地推动新建钢铁冶炼项目集聚发展，鼓励有条件的长流程钢厂就地改造发展电炉短流程炼钢[①]。方案同时指出，实施改造过程中，在落实产能置换等要求的前提下，鼓励企业开展兼并重组，以有力推动钢铁、电解铝、水泥、平板玻璃等重点行业绿色低碳转型，确保如期实现碳达峰目标。

4. 发展水平全面提升

《"十四五"数字经济发展规划》明确了推动数字经济健康发展的发展目标和重要任务，到 2025 年，数字经济核心产业增加值占国内生产总值比重达到 10%，数字化转型已成为行业可持续发展的必然要求。冶金行业应将数字化转型作为改造提升传统动能、培育发展新动能的重要手段，以智能制造、卓越运营、共享服务为重点方向，将工业物联网、人工智能、5G、大数据等前沿技术与企业需求深度融合，协同部门要素，打破"信息孤岛"，大幅提高资产资源利用率、劳动要素生产率和运营管理效率[②]。

5. "走出去"成果显著

冶金行业是我国最早"走出去"的行业之一，并最早开创了成功典范。以有色金属为例，2006 年，由中国有色集团与云南铜业集

① 卿文权：《有色冶金技术的现状与发展研究》，《中国金属通报》2023 年第 1 期。
② 易平涛：《智慧冶金 赋能产业数字化转型升级》，《冶金经济与管理》2022 年第 6 期。

团共同开发的赞比亚谦比希铜矿作为我国政府批准在境外开发建设的第一个有色金属矿山，也是有色行业"走出去"的标志性工程。中国有色金属国际产能合作企业联盟于 2017 年 3 月 31 日成立，截至 2022 年，联盟成员单位已达 70 家，基本涵盖了开展国际产能合作的有色行业相关企业和机构。开展健康良好的国际产能合作项目意义重大，一方面，有利于我国企业"走出去"，提升国家形象，创造经济效益；另一方面，有利于国家间互联互通，促进世界经济和谐发展。

（二）冶金行业发展瓶颈

1. 低产业集中度削弱企业竞争力

长期以来，冶金行业产业集中度低、结构分散，不仅抬高了交易及监管成本，也导致企业在有序竞争、研发创新、节能降耗等问题上难以协同，极大地制约了产业的高质量发展。以钢铁行业为例，中国钢铁工业协会数据显示，2022 年，我国钢产量排名前 10 的企业（CR10）合计产量为 4.34 亿吨，占全国钢产量的 42.8%，比 2021 年提升 1.36 个百分点；排名前 20 的企业（CR20）合计产量为 5.72 亿吨，占全国钢产量的 56.5%，比 2021 年提升 1.59 个百分点。虽然有进步，但相对于美、日、韩等国，钢铁行业的产业集中度仍处于较低水平，钢铁行业联合重组仍有很长的路要走。钢铁行业的低产业集中度也会稀释我国铁矿石的对外话语权，不利于低端产线淘汰与行业竞争水平的提升。

2. 信息不对称放大供需失衡

冶金行业是资金密集型行业，投资规模大、周期长，资产专用性强，退出壁垒高，生产经营极大依赖全面准确的市场信息。然而我国冶金行业企业相对忽视营销渠道建设，与发达国家相比直销占比较低，难以准确了解产品流通的市场信息，容易由信息不对称造成投资过度或者供给过剩,造成市场供需失衡①。此外,冶金行业产业集中度较低,小型钢铁企业受限于资源更难准确获取市场信息,往往跟风大型企业扩大生产,加剧市场供需结构失衡。

3.自主创新投入和能力仍需提升

我国冶金行业的高档产品和低碳生产的技术研发投入和能力仍有大幅提升空间。就钢铁行业而言,我国钢铁行业仍有约70项200万吨"短板"钢铁材料依赖进口,如航空发动机用高温合金、高铁用轴承钢等高档产品和制造设备方面仍较多需要从国外进口,创新引领能力仍有欠缺,"卡脖子"问题依然突出。

同时,我国在低碳冶金方面,如氢能冶金、绿氢制备、碳捕获与存储(CCS)技术、生物质冶金、熔融还原、各冶金工序余热梯级回收利用等缺乏成熟有效的技术,我国冶金行业碳排放量占全国碳排放总量的水平明显高于全球平均水平,亟须进行高效能工艺和设备的自主创新以促进工艺流程变革。

二 我国冶金行业数字化转型发展现状

冶金行业是关系国民经济和国防建设的重要支柱性行业,也是人机密集协调、生产环境复杂的重工业领域。面临越来越严酷的市场竞争,以及可持续发展、绿色低碳对于"绿色、安全、和谐、智能、高效"的时代要求,进行数字化转型是冶金行业高质量发展的必然选择。近年来,随着企业基础设施建设逐步完善,供应链管理深刻变革,数字运营体系日益健全,冶金行业数字化发展水平不断提高②。

---

① 易平涛:《智慧冶金 赋能产业数字化转型升级》,《冶金经济与管理》2022年第6期。

② 孙彦广:《钢铁工业数字化、网络化、智能化制造技术发展路线图》,《冶金管理》2015年第9期。

（一）数字化、网络化、智能化

随着新能源汽车、高端电子等新兴产业的发展，冶金行业需求逐步向多品种、小批量、高档次、快交货方向发展，我国大型冶金企业正在由传统资源依赖型的生产制造型向综合性生产服务型转型，形成了涵盖高水平制造、加工、贸易、物流、配送的多产业集群，企业间的竞争也从产品、价格转向全方位深层次的差异化服务，因此，企业也呈现多维丰富的数字化转型态势[①]。

数字化：冶金行业已初步具备自动化和信息化融合基础，如主工序装备实现了较好水平的自动化控制，2022 年，冶金行业生产设备数字化率和数字化生产设备联网率分别为 53.8% 和 51.3%，如图 1 所示，略低于原材料行业的平均水平。关键工序数控化率为 73.8%，高于全国水平（58.6%）15.2 个百分点。[②] ERP、PLM、MES 解决方案已经普遍应用于大型钢铁企业，生产、管理、供应链等流程初步实现了工序衔接和数据贯通，有效地支撑了冶金行业实现大批量、标准化和成本可控的生产运营。

网络化：冶金行业兼具流程和离散的制造特征，是典型的混合制造行业，行业上游聚焦矿石、煤炭、机电等各类工业产品和服务供应商，下游涉及贸易、研发、加工、仓储、金融等配套产业，从原料到生产单元，再到仓储物流最后到客户，对质量管控、能源集约、数据管理等方面的要求极其严格。通过建立高效、智慧的工业云平台，冶金行业可汇聚企业设备、技术、数据、模型、知识等产业资源，实现产供销协同、多基地协同等模式。2022 年，冶金行业工业云平台应用率为 46.7%，略低于原材料行业平均水平（50.9%），

---

① 孙彦广：《钢铁工业数字化、网络化、智能化制造技术发展路线图》，《冶金管理》2015 年第 9 期。

② 数据来源于《中国两化融合发展数据地图（2022）》。

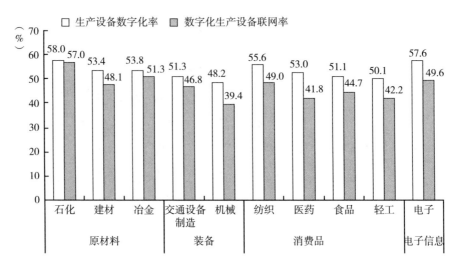

图1 2022年生产设备数字化率、数字化生产设备联网率

实现产业链协同的企业比例仅为10.8%，发展前景十分广阔，如图2、3所示。①

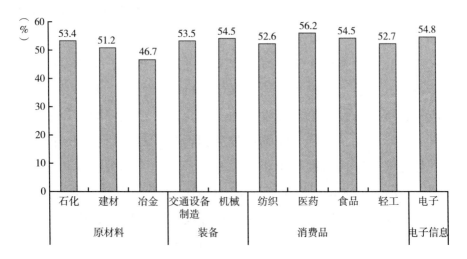

图2 2022年工业云平台应用率

① 数据来源于《中国两化融合发展数据地图（2022）》。

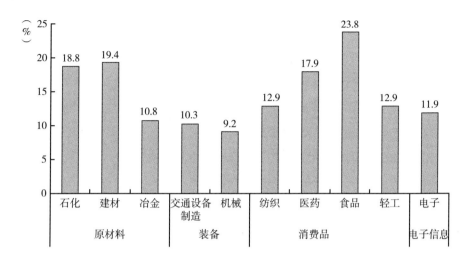

图3 2022年实现产业链协同的企业比例

　　智能化：通过加大5G、物联网、大数据、人工智能等新一代网络信息技术在生产全流程的应用力度，全面提升冶金行业生产操作与生产管理的智能化水平，实现生产智能管控和运营智慧决策，打造全流程动态优化和精准决策的生产模式①。2022年，冶金行业智能制造就绪率为12.1%，如图4所示，低于原材料行业平均水平0.1个百分点，智能化发展速度相对缓慢，在生产过程优化、工序协同、能源管理、设备管理、质量管理等方面具备提升空间。其中，钢铁行业积极布局智能制造项目，宝钢、鞍钢、河钢等7家企业参与工业和信息化部实施的智能制造试点示范专项行动，涵盖智慧矿山、智能车间、大规模定制等9个试点示范项目，由点及面推进产业智能制造进程。

---

　　① 吴志强：《工业互联网平台助力冶金行业数字化转型》，载中国金属学会《第十三届中国钢铁年会论文集（摘要）》，冶金工业出版社，2022。

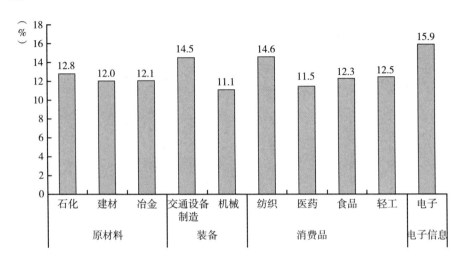

图4　2022年智能制造就绪率

（二）新模式新业态

近年来，数据逐渐成为资源汇聚和精准配置的主导要素，企业通过深挖数据价值，以数字化管理打通核心数据链条，进而实现管控可视化、市场变化及时响应、资源动态配置优化、战略决策智能分析等全新管理模式。冶金行业2022年经营管理数字化普及率为69.4%，如图5所示，在质量管控、能源管控、库存管控等方面实现了一定突破。鞍钢集团以工艺需求为导向、以数据平台为基础，集成PLC、质检数据、MES与ERP等信息系统数据，建设了全流程质量管控系统，有效整合工艺质量相关数据，减少内外部质量缺陷，实现关键工序的降本增效。

2022年，冶金行业数字化研发设计工具普及率为63.0%，如图6所示，较2020年同期水平上升9.0个百分点。① 传统的冶金行业产品设计及工艺开发需要依靠经验积累和知识延续，通过大量的实验辅助研发验证。当下，企业可以积累材料开发全链条数据库，结合冶金原

① 数据来源于《中国两化融合发展数据地图（2022）》。

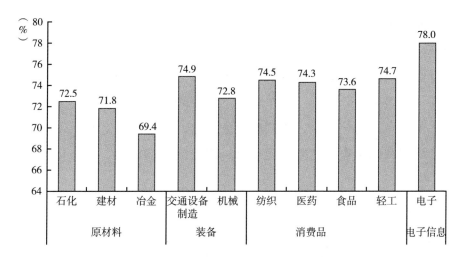

图 5　2022 年经营管理数字化普及率

理、模型及通过大数据深度挖掘所获得的隐性知识，指导材料制造中的成分控制范围，构建以大数据和材料信息学为基础的冶金产品研发体系，实现工艺模型的数字化表达，提升设计效率，缩短研发周期①。

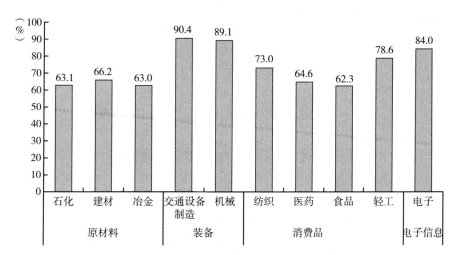

图 6　2022 年数字化研发设计工具普及率

① 范铁军：《钢铁企业数字化转型探索》，《中国钢铁业》2020 年第 8 期。

大型企业在数字化发展的浪潮下，根据企业自身情况，综合考虑经济性、适用性、可靠性因素，加快电子商务发展步伐。2022年冶金行业应用电子商务的企业比例达60.4%，如图7所示，比2021年提高了6.5个百分点。① 借助电子商务和现代物流，冶金产业链可加强上下游企业衔接，全方位拓展业务渠道，利用信息化手段提高企业市场反应和综合竞争能力，实现冶金产业链"产供销"一体化。

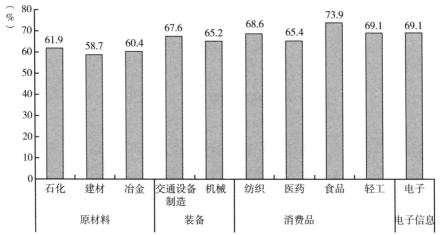

图7　2022年应用电子商务的企业比例

三　冶金行业数字化转型发展趋势

（一）夯实数字化基础，提升研发创新能力

冶金行业数字化转型下一步发展重点聚焦于夯实数字化基础。推动研发环节数字化转型，推广计算机辅助生产工艺流程设计，推动生产设备数字化改造，加快信息技术与生产、监测和管理融合，进一步实现从生产计划到生产作业、质量控制等环节的全程跟踪，提高生产

① 数据来源于《中国两化融合发展数据地图（2022）》。

自动化水平。进一步推动冶金行业重点提升工艺技术装备水平，提升黑色金属和有色金属生产模型的沉淀复用和工艺过程精准控制能力。紧紧把握相关国家方针，加速推进国家创新平台建设，扶持国家级和省级冶金行业创新中心建设和中小企业成立技术研发中心①。在此基础上，加快建立以企业为主体的"政产学研融用"六位一体紧密结合的协同创新体系。支持重点企业建立国家级、省级技术中心，建立博士后科研流动站。

（二）开展基于数据的精细化管控，建设数字化生产车间

冶金行业下一步应加强企业内网改造升级，普及应用 MES、ERP 等软件，实现研发设计、计划排产、生产调度、质量管控、能耗管理等环节的数字化集成管控。采用在线分析仪、智能传感器、软测量、工业大数据建模等智能感知先进技术，实现原料数据、工艺参数和成品检测数据的采集与分析，建立起实时质量预警机制，积极开展基于大数据采集、分析的工艺流程优化和技术创新突破，形成全面、实时、准确、共享的数据采集体系。相关行业企业应基于设备运行及能耗数据，建立能耗监测及异常预警模型，实时监测评估企业用能行为，实现能源精确控制和集约管理。

国家、省级政府应大力推进冶金行业企业装备智能化、生产自动化、管理网络化、商务电子化，打造以龙头企业为代表的一批"数字化矿山""智能工厂""智能车间"等智能制造试点示范工程，鼓励企业开展工业大数据创新应用②。此外，冶金行业全产业要主动积极普及应用在线监测和生产过程智能优化技术，以推动建成一批全国领先的大数据平台。

① 付宇涵：《我国制造业两化融合发展路径》，《企业管理》2020 年第 9 期。
② 付宇涵、马冬妍、崔佳星：《工业互联网平台推动下中国制造业企业两化融合发展模式探究》，《科技导报》2020 年第 8 期。

（三）做大龙头企业，做强产业集群

冶金行业着力于探索发挥龙头企业的示范引领作用，支持龙头企业带动关联协作企业项目建设，推动产业集聚。推动行业龙头企业围绕研发设计、工艺改进、生产管控、市场营销、客户管理、供应链协同等开展核心业务系统云化改造。鼓励产业链上下游中小企业积极对接龙头企业云平台，实现供应链资源共享、产业链协同和上下游企业共同升级。重点推动冶金行业与电子信息、装备制造等下游产业的对接，加快信息、技术、金融、物流等公共服务平台向产业集聚，打造特色产业集群，提升产业集聚效益。

（四）注重绿色低碳，促进安全生产

行业企业应致力于创新回收模式，提高有价元素回收和保级升级再利用水平，实现绿色清洁生产，完成有色金属行业由传统产业向绿色产业转变①。积极开展装备大型化、密闭化、节能化、自动化改造，普及推广废渣综合利用、余热余压循环利用、低压无功补偿等先进成熟的节能技术，提高节能减排水平。在此期间，加强事中、事后安全监督管理，不断夯实冶金行业安全管理基础，提升安全管理水平。加强能源监控、风险预测预警。

参考文献

韩朋君：《打造智慧冶金，助力钢铁企业数字化转型》，《冶金财会》2019 年第 9 期。

---

① 云茂帆：《低碳减排的绿色钢铁冶金技术研究》，《冶金管理》2023 年第 5 期。

王运敏：《冶金矿山采矿技术的发展趋势及科技发展战略》，《金属矿山》2006 年第 1 期。

卿文权：《有色冶金技术的现状与发展研究》，《中国金属通报》2023 年第 1 期。

易平涛：《智慧冶金 赋能产业数字化转型升级》，《冶金经济与管理》2022 年第 6 期。

孙彦广：《钢铁工业数字化、网络化、智能化制造技术发展路线图》，《冶金管理》2015 年第 9 期。

吴志强：《工业互联网平台助力冶金行业数字化转型》，载中国金属学会《第十三届中国钢铁年会论文集（摘要）》，冶金工业出版社，2022。

范铁军：《钢铁企业数字化转型探索》，《中国钢铁业》2020 年第 8 期。

付宇涵：《我国制造业两化融合发展路径》，《企业管理》2020 年第 9 期。

付宇涵、马冬妍、崔佳星：《工业互联网平台推动下中国制造业企业两化融合发展模式探究》，《科技导报》2020 年第 8 期。

云茂帆：《低碳减排的绿色钢铁冶金技术研究》，《冶金管理》2023 年第 5 期。

B.8
我国石化行业数字化转型
发展现状与建议[*]

张磊 王庆瑜 王丹 巴旭成 王琦^{**}

摘 要: 石化行业是典型的流程性工业,设备价值高、工艺复杂、产业链长、危险性高、环保压力大,还面临着设备管理不透明、工艺知识难传承、产业链上下游协同水平较低、安全事故易发等痛点,具有经营决策模式以面向库存的刚性生产为主的特点。近些年,我国石化行业企业着力开展装备数字化、网联化,提升生产过程数控化水平,改善生产工艺,优化能耗管理,提高生产效率,在绿色环保和降本增效等方面取得了一系列进展成效,数字化、网络化、智能化的转型升级步伐进一步加快,转型发展的新产品新模式新业态不断涌现。本文总结了我国石化行业的特点和数字化转型发展现状,结合具体数据对石化行业数字化发展趋势进行分析,提出了我国石化行业从数字化基础准备到智能协同的转型提升方案与整体发

---

* 如无特殊标注,本文数据来源于《中国两化融合发展数据地图(2022)》。

** 张磊,国家工业信息安全发展研究中心信息化所工程师,从事两化融合、数字化转型、先进制造业相关领域研究;王庆瑜,国家工业信息安全发展研究中心信息化所工程师,从事两化融合、数字化转型等相关领域研究;王丹,国家工业信息安全发展研究中心信息化所工程师,从事两化融合、数字化转型等相关领域研究;巴旭成,国家工业信息安全发展研究中心信息化所工程师,从事两化融合、数字化转型相关领域研究;王琦,国家工业信息安全发展研究中心信息化所工程师,从事两化融合、数字化转型相关领域研究。

展建议。

关键词： 石化行业　数字化转型　工业互联网

一　石化行业特点

石化行业是我国流程型制造业的重要组成部分，是典型的技术密集、资本密集、人才密集型行业，具有投资规模大、回收周期长、工艺路线长、环保和安全要求高等特点，为我国经济社会各领域发展提供有力的资源能源保障，是国民经济发展的支柱性产业。

（一）资源性强，垄断性强，周期性强

石化行业的主要原料为煤、石油、天然气、矿产资源等，石油、天然气等资源属于国家垄断性资源，同时石化产品的供给与需求有周期性波动特征，在产量、收入、投资等方面呈现极强周期性，石化行业有自身的景气周期。

（二）投资强度大，生产规模大，市场风险大

石化行业属于资金密集型产业，石化成套装置价格昂贵，生产规模大，动辄投资额达数百亿元甚至上千亿元，石化工程建设周期较长，生产能力的形成具有间断性，投资回报期又比较长，同时大宗石化产品价格波动大，市场赢利不稳定。

（三）产业关联度高，技术工艺水平高，环保和安全要求高

石化产业链结构复杂，与汽车制造业、建筑业、农业、国防、医药等行业联系紧密。同时化工生产经常在高温高压易燃易爆强腐蚀环境下

进行，生产工艺技术复杂，运行条件苛刻，同时属于高能耗行业，生产涉及物料危险性大，易出现突发灾难性事故，对环保安全要求高。

二　我国石化行业数字化转型发展现状

我国石化行业抓住新一轮科技革命与产业变革深度融合、加速演进的发展机遇，将现代信息技术与石化工业深度融合，通过数字化转型加快节能降碳发展，经历了10余年的产业调整优化，信息化建设基础逐步夯实，数字化转型走实向深。

（一）数字化、网络化、智能化发展现状

1. 数字化：设备终端的数字化、联网化覆盖平均水平居于制造业前列，工业软件应用逐渐推广

生产设备数字化。石化行业的流程型生产特性要求，生产过程必须要有实时、全面、准确的数据采集与监测，以避免重大安全事故的发生，降低事故带来的损失。2022年，我国石化行业生产设备数字化率、数字化生产设备联网率分别达到58.0%和57.0%，高于原材料行业平均水平3.0个、4.6个百分点，位居制造业各主要行业前列。

主要工业软件应用。石化行业企业的生产线等基础设施在建厂初期便已固化，工业软件的引入需要同步进行设备设施的改造升级，工作量较大且成本较高。然而，产能过剩、成本上升、盈利空间收窄等客观压力倒逼石化企业不得不加快数字化转型，通过软件系统应用提升经营决策智能化水平，以此提高生产与经营管理效率、降低企业总体运营成本。2022年，我国石化行业工业软件ERP普及率达到66.6%，高于原材料行业平均水平（61.8%）4.8个百分点；工业软件PLM普及率达到17.8%，低于原材料行业平均水平（19.3%）1.5个百分点；工业软件MES普及率达到26.1%（见表1），低于原材料

行业平均水平（26.7%）0.6 个百分点，石化行业工业软件应用正在由经营管理向生产管控延伸。

表1 我国石化行业数字化发展情况

单位：%

内容	指标	原材料			装备		消费品				电子信息
		石化	建材	冶金	交通设备制造	机械	医药	食品	轻工	纺织	电子
数字化	关键业务环节全面数字化的企业比例	45.4	49.1	43.5	60.7	58.6	45.8	48.7	55.5	55.0	61.3
	数字化研发设计工具普及率	63.1	66.2	63.0	90.4	89.1	64.6	62.3	78.6	73.0	84.0
	工业软件 ERP 普及率	66.6	58.6	60.9	75.3	72.6	69.5	59.1	69.0	66.6	76.4
	工业软件 PLM 普及率	17.8	20.6	19.2	33.9	26.5	21.3	21.8	23.0	23.7	26.8
	工业软件 MES 普及率	26.1	25.9	29.5	38.7	28.5	22.2	22.8	25.6	28.9	37.2
	生产设备数字化率	58.0	53.4	53.8	51.3	48.2	53.0	51.1	50.1	55.6	57.6
	数字化生产设备联网率	57.0	48.1	51.3	46.8	39.4	41.8	44.7	42.2	49.0	49.6
	关键工序数控化率	78.7	61.8	73.8	57.6	47.8	58.4	54.8	52.2	57.9	61.3
	工业电子商务普及率	61.9	58.7	60.4	67.6	65.2	65.4	73.9	69.1	68.6	69.1

资料来源：《中国两化融合发展数据地图（2022）》。

2. 网络化：整合供应链集成网络，聚焦数据打通产业链壁垒

工业云平台应用。以中石油、中石化等龙头企业为引领，我国石化行业企业云平台建设开发工作有序开展，石化企业逐步意识到数据

资源的价值,通过私有云平台建设、公有云平台租赁等多种方式,加快上云上平台步伐。2022 年,我国石化行业工业云平台应用率达到53.4%,较原材料行业平均水平(50.9%)高出 2.5 个百分点。

产业链拓展延伸。石化行业市场响应机制单一,极易造成产能过剩导致的市场恶性竞争,应当通过加强企业间的协同发展,实现行业整体产能最优。目前,石化企业在产供销各环节仍然存在壁垒,亟须通过数据协同共享有效集中利用资源,并基于用户精准需求开发新产品,避免同质化竞争,提高产业链附加值。2022 年,我国石化行业实现产业链协同的企业比例为 18.8%,高出原材料行业平均水平(17.4%)1.4 个百分点,仅次于建材和食品行业(见表2)。

表 2　我国石化行业网络化发展情况

单位:%

内容	指标	原材料			装备		消费品				电子信息
		石化	建材	冶金	交通设备制造	机械	医药	食品	轻工	纺织	电子
网络化	工业云平台应用率	53.4	51.2	46.7	53.5	54.5	56.2	54.5	52.7	52.6	54.8
	实现产业链协同的企业比例	18.8	19.4	10.8	10.3	9.2	17.9	23.8	12.9	12.9	11.9

资料来源:《中国两化融合发展数据地图(2022)》。

3. 智能化:以强化制造环节的智能化水平为着力点,打造集约高效实时优化的生产新体系

围绕降本提质增效,石化行业在质量全过程管控、设备预防性管理、能源综合管理、供应链集成等方面不断提升智能化水平,如表3所示,2022 年石化企业智能制造就绪率达到 12.8%(见表3),较原材料行业平均水平(12.2%)高出 0.6 个百分点。这些企业底层装备数控化程度高,

管理信息化与底层自动化之间及内部供应链上主要业务环节实现集成，已开始向智能工厂、智慧企业迈进。对于石化行业，有效构建基于大数据应用的实时采集、分析体系是实现智能生产的重点环节。目前大数据技术在大型石化企业中得到广泛应用，主要体现在工业污染与环保监测及预警、产品质量管理与分析、生产计划与排程、销售预测与需求管理、供应链分析和优化、生产流程优化、产品设计与开发等方面。

表3　我国石化行业智能化发展情况

单位：%

内容	指标	原材料			装备		消费品				电子信息
		石化	建材	冶金	交通设备制造	机械	医药	食品	轻工	纺织	电子
智能化	实现生产经营智能分析的企业比例	6.9	6.5	5.1	5.8	5.3	6.2	7.8	6.3	6.3	6.4
	智能制造就绪率	12.8	12.0	12.1	14.5	11.1	11.5	12.3	12.5	14.6	15.9

资料来源：《中国两化融合发展数据地图（2022）》。

（二）新产品新模式新业态发展现状分析

目前，石化行业逐步形成围绕工业大数据的产业生态体系，基于数据共享模式构建价值共创网络，呈现蓬勃发展的态势。石化企业基于大数据对顾客群体进行细分，为每个群体定制个性化服务，运用大数据模拟实景发掘、引导用户新的需求，并通过在行业间的大数据共享，提高整个产业链条的投入回报率，开启数据使能模式。此外，大型石化企业或行业协会通过总结提炼，形成行业共性解决方案并进行推广应用，不断汇聚设备、软件、数据等各类服务商资源，逐步培育形成"硬件+软件+服务"的产业服务生态模式。2022年，我国石化行业实现智能化产品生产的企业比例为 4.3%，略低于原材料行业平均水平（4.8%）0.5 个百分点，低于其他行业平均水平；经营管理数字化普及率为 72.5%，高于建材和冶金行业平均水平；实现平台化设计和智能化生产的企业比例分别达到 7.2% 和 8.1%（见表4）。

表4 我国石化行业新产品新模式新业态发展情况

单位：%

内容	指标	原材料			装备		消费品				电子信息
		石化	建材	冶金	交通设备制造	机械	医药	食品	轻工	纺织	电子
新产品新模式新业态	实现智能化产品生产的企业比例	4.3	5.4	4.6	7.4	7.9	5.1	5.0	6.3	5.4	9.1
	经营管理数字化普及率	72.5	71.8	69.4	74.9	72.8	74.3	73.6	74.7	74.5	78.0
	实现平台化设计的企业比例	7.2	9.0	6.9	12.4	12.9	7.9	8.3	11.1	10.4	11.7
	实现智能化生产的企业比例	8.1	7.3	6.5	9.2	6.6	6.6	7.2	6.5	6.6	8.8

资料来源：《中国两化融合发展数据地图（2022）》。

三 我国石化行业数字化转型提升方案

石化行业企业转型发展之路大致可分为以下四个阶段：首先，在数字化基础准备阶段，通过强化技术应用，优化数字化基础设备，为实现数字化转型发展夯实基础；其次，单项应用阶段，重点围绕数据管理与应用，进一步结合数字化技术实现相关业务转型的初步改进与探索；再次，进入内部集成阶段，围绕业务域进行数字化顶层设计，打造统一数字化平台，以数据流贯通企业经营管理；最后，智能协同阶段，通过工业互联网、云计算、物联网等新一代信息技术与石化行业深度融合，赋能产业链企业合作，实现智能协同管控与发展。

（一）数字化基础准备：强化基础设施数字化改造，制订网络安全体系规划

石化行业企业应结合自身生产特点、工艺流程，围绕生产过程所涉及的生产设备进行数字化改造，通过生产设备的自动化、集成化、智能化升级实现对各环节生产状况、可靠性和安全性数据进行实时采集，持续提升数据采集精度，优化工艺流程，助力企业有效提高资源利用率、产品质量和生产稳定性（见图1）。

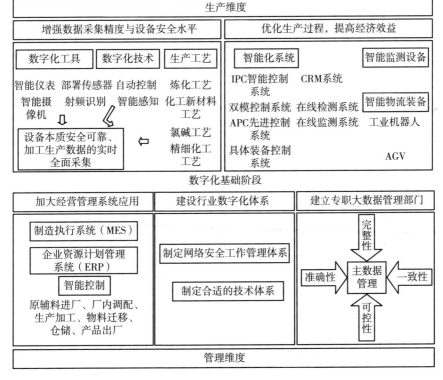

图1 石化企业数字化基础准备阶段转型路径

（二）单项应用：开展数据资源初级治理与应用，开拓信息化管理新模式

从生产维度看，石化行业应加快完成数据资源初级管理与应用，具体要夯实专业数据库建设，加强数字化系统部署，整合数据资源研发创新工艺模型；从管理维度看，打造企业管理新模式，助力企业数字化转型走深向实。从管理维度来看，化工产业中管理制度与数字化生产模式的不匹配是制约企业推动数字化转型的主要障碍。因此，结合企业实际情况及数字化转型需求，开展企业管理模式创新研究是推动转型升级的根本保证（见图2）。

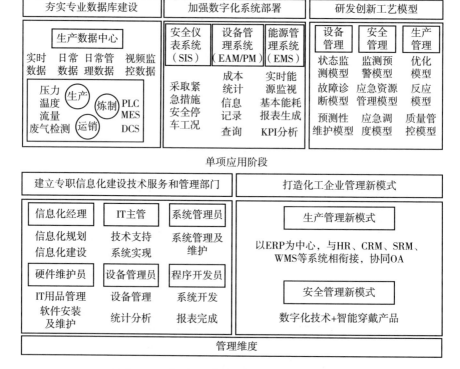

图2　石化企业单项应用阶段转型路径

（三）内部集成：化工企业生产要素高效协同，数据、人才、机制多点发力

从生产维度看，通过产业布局调整，促进化工行业高效节能发展。一方面，强化末端"三废"集中处理，实现废弃物资源利用一体化；另一方面，加强"5G+工业互联网"应用，实现化工企业生产要素高效协同；从管理维度看，数据、人才、机制多点发力赋能企业网络化发展，具体要统一数据标准规范，建立统筹协调机制，打造高质量数字化人才队伍（见图3）。

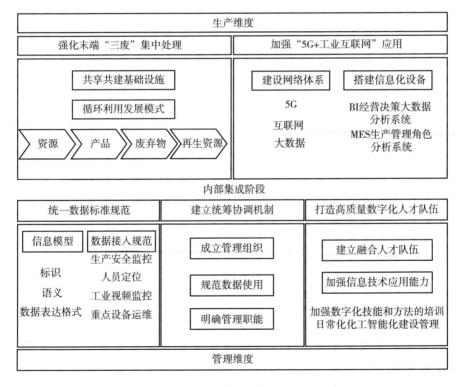

图3 化工企业内部集成阶段数字化转型发展提升路径

（四）智能协同：生产管理双管齐下，以打造产业链一体化为目标，结合数字化技术改进化工产业链运行模式

从生产维度看，信息技术与基础设施结合，实现化工产业链一体化发展，具体要利用信息技术横向集成，推动化工产业链整合，打造智能化工厂，促进产业链乃至价值链集成，充分应用新一代信息技术，加快构建"化工+互联网"平台；从管理维度看，柔性化组织管理模式，推动跨企业协同发展，具体要推动企业内组织管理模式由科层制向网络化演进，持续加强创新能力建设，加速科技成果转化落地，推动跨企业、跨领域合作，强化多主体协同推进能力（见图4）。

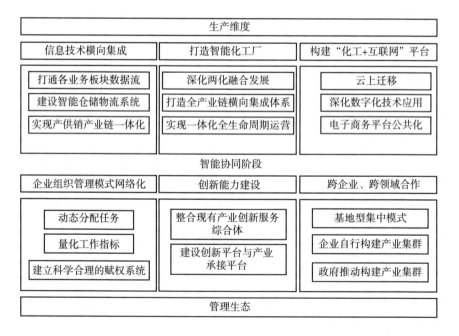

图4　化工企业智能协同阶段数字化转型发展提升路径

四 我国石化行业数字化转型的建议

（一）注重顶层设计，推进关键技术的研发和应用落地

制定 5~10 年的行动计划和实施指南，面向石化行业的数字化智能化建设被列为其中的重大专项工程并予以资助，分级设立标杆引领、推广应用、基础保障、重点产品四类项目，对大型石化企业的智能装备、石化智能工厂、关键技术等深化应用进行引导和支持。通过政策资金引导各类社会投融资加大对石化行业的支持，加快自主创新的石化行业数字化智能化成果产业化和推广应用。

聚焦数字化发展的关键核心技术，发挥高等院校和科研院所的创新资源集聚优势，进一步提升基础研究和原始创新能力，推进新一代执行器/传感器网络、海量信息实时处理和知识库技术、人机协同的决策与可视化技术、全供应链的石化生产资源优化技术、面向绿色制造的过程系统集成技术、面向本质安全的化工安全运行管控技术等关键技术的研发突破，推动产学研相结合，加速科技成果转化落地，以科技创新催生新发展动能。

（二）深化"化工+智能化"发展，部署产业集群发展模式

加强园区信息化基础设施建设。推动新一代信息技术与化工园区深度融合，实现园区信息资源全面整合，打造安全、环保、应急救援和公共服务一体化信息管理平台。

推进化工产业链式发展。形成产业链上下游协作配套的产业组织体系，鼓励中小企业围绕产业链上下游走"专、精、特、新"道路。大力发展循环经济，打通园区企业间资源共享通道，助推实现企业小

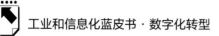

循环和园区大循环。

深化园区发展模式、运作机制、管理体制改革创新。设计部署匹配化工园区发展的整体技术架构，包括智能制造架构、工业互联网架构、自动控制系统、云服务、ERP、MES、CRM 等。部署化工园区三维数字孪生平台，运用 VR/AR/MR 等技术进行全景式和浸入式推演，优化平台系统架构，开发知识图谱，打造基于模型训练和大数据分析的智能分析配套能力，丰富完善园区智慧平台功能。

（三）提升研发创新水平，推进"政产学研融用"协同发展

强化数字化集成管控能力。深化 MES、ERP、PLM 等工业软件在研发设计、生产控制、运营管理等环节的应用，加强生产制造、经营管理、财务管理等各层级信息系统的集成互联，提高企业内部数据流通效率和资源共享水平。基于计划调度、生产、仓储物流等各环节数据综合分析，实现工艺流程优化、排产计划调整、智能决策支持等方面的数字化集成管控。

建立以企业为主体的"政产学研融用"六位一体紧密结合的协同创新体系。引进重点实验室及科研院所奖励细则，支持有条件的企业组建自己的研发团队，在重点领域布局建立国家级、省级技术中心，建立博士后科研流动站，推动高端化工产品研发，助力产品结构升级。推进有机硅与氟化工产业领域的相关企业与科研院校深入开展产学研合作，探索高端化发展路线，实现以规模化生产初级化工产品向发展高附加值高端化工产品方向转变。

（四）提升数字化安全生产管理水平，促进行业绿色安全发展

提升数字化安全生产管理水平。通过集成工艺、设备、安全、质量等各类属性数据和运行参数，实现产品研发、生产、交付全生命周

期的数字化管控。全面应用分布式控制系统（DCS）、可编程逻辑控制器（PLC）、安全仪表系统（SIS）等工业控制系统，提高企业自动化生产和安全管控水平。

建立安全生产风险监测体系。加强生产过程安全监测和重大危险源监控，及时识别并消除风险点，提高生产环节的安全性。推广使用GIS、GPS和信息网络技术，建立危化品运输实时、动态安全监控系统，强化危险货物运输全链条安全监管。

创新生产废弃物资源综合利用模式。强化末端"三废"集中处理和回收循环，鼓励化工园区及企业实现污水处理等基础设施的共建共享。提升化工产业废弃物资源规模化、高值化利用水平，完成化工产业由传统产业向绿色产业转变。

参考文献

李剑峰：《智慧石化建设：从信息化到智能化》，《石油科技论坛》2020年第1期。

赵旭飞：《以两化融合为契机 推动石化行业高质量发展——浅析石化行业信息化现状及发展趋势》，《中国管理信息化》2019年第17期。

梁郁超：《石化企业智能工厂建设的探索与思考》，《广东化工》2021年第1期。

马铭：《石化智能工厂发展与展望》，《中国石油和化工标准与质量》2020年第13期。

曹晓红、韩永立：《两化融合环境下智能工厂探索与实践》，《无机盐工业》2019年第5期。

周剑、陈杰：《制造业企业两化融合评估指标体系构建》，《计算机集成制造系统》2013年第9期。

周剑：《两化融合管理体系构建》，《计算机集成制造系统》2015年第7期。

焦优静：《我国石化数字化应用存在的问题及对策建议》，《世界电信》2017 年第 2 期。

赵元旭：《数字化炼油面临的思考》，《2013 中国石油炼制技术大会论文集》，2013。

B.9
我国电子信息行业数字化转型路径
与发展建议

王丹　付宇涵　王琦　王庆瑜　张磊*

摘　要：　随着新一代信息技术快速发展，电子信息行业已经成为我
国国民经济发展的一大命脉，也是提升我国国际竞争力的
一大重要支撑力。当前，数字产业化和产业数字化进程加
速，电子信息行业数字化转型发展成效显著。本文基于行
业发展现状展开深入研究，明确提出当前电子信息行业数
字化发展的现状、发展重点趋势，并聚焦行业发展需求提
出数字化转型发展建议，为我国电子信息行业数字化转型
升级提供参考。

关键词：　电子信息行业　数字化转型　数字产业化　产业数字化

---

* 王丹，国家工业信息安全发展研究中心信息化所工程师，从事两化融合、数字化
转型等相关领域研究；付宇涵，国家工业信息安全发展研究中心信息化所产业研
究部主任，高级工程师，从事两化融合、工业互联网、数字化转型等相关领域研
究；王琦，国家工业信息安全发展研究中心信息化所工程师，从事两化融合、数
字化转型相关领域研究；王庆瑜，国家工业信息安全发展研究中心信息化所工程
师，从事两化融合、数字化转型等相关领域研究；张磊，国家工业信息安全发展
研究中心信息化所工程师，从事两化融合、数字化转型、先进制造业相关领域
研究。

一 我国电子信息行业发展概况

（一）电子信息产业结构加速调整

电子信息产业主要包括电子信息制造业、软件与信息技术服务业两大领域，其中，电子信息制造业主要是研制和生产集成电路与电子元器件、通信设备和智能终端设备等的工业，软件与信息技术服务业主要包括信息软件和新兴技术软件等[①]。从产业结构来看，硬件制造规模较大，软件与信息服务规模较小，一般消费类产品供大于求、价格战不断，而在关键材料、高端装备等基础领域与国际先进水平的差距仍较大。从产品结构来看，我国电子信息产业已经转变了主要依靠消费类电子产品支撑产业发展的局面，智能家居产品、智能可穿戴设备、虚拟现实设备等高技术新兴产品种类不断丰富，产品逐渐向高端化、智能化发展。同时，大数据、物联网、云计算、移动互联网、人工智能等新一代信息技术快速演进，逐渐成为软件与信息技术服务业快速发展的助推器。

此外，数据资源、安全可靠软件平台、数字孪生等产业领域热点不断催生新业态与新模式，进一步加深了电子信息行业与其他行业的融合。在双循环新发展格局下，将数据作为生产要素，催生数字人民币、数据中台、数据资产等一系列新兴产业。基础软件平台（包括操作系统、数据库、存储等）从政务市场迈向民用市场，考虑到边界安全产品、终端安全产品等信息安全，软件与信息技术服务业不断

[①] 王连升、孙永剑：《八成企业借电子信息技术促产业升级》，《中华工商时报》2023年2月15日；郭安琪：《推动数据权属界定和流通合规 促进数据要素市场化发展——专访中国电子信息行业联合会数据要素市场促进会执行秘书长黄蓉》，《审计观察》2022年第8期。

优化产品形态与软件结构，共享协作、云安全等应用新场景的出现使产品质量更加可靠安全。5G等新基建和VR/AR+等新技术的完善推动云端优化、交互、延迟、显示等硬件设备端性能提升，数字孪生等关键核心技术的集成化发展不断推动新型智慧城市的发展。无人驾驶、无人机、VR/AR、人工智能、智慧医疗、智慧养老等新兴领域涌现出一大批创新型企业。以智能终端、家用电器、消费电子等为代表的电子产品的爆发式发展，助推电子信息制造业进入加速发展期，加之，硬件、软件、服务等核心技术体系快速重构，电子信息行业正迎来新一轮产业变革。

（二）电子信息行业数字化基础不断夯实

我国电子信息行业开始进入高质量发展关键期，产业发展进入"通过重研发，从低价值环节向高价值环节跃升"的新阶段。2022年，电子信息行业数字化研发设计工具普及率高达84.0%，行业企业总体数字化研发创新能力建设情况良好。电子信息行业企业具备较强的软件开发能力，广泛应用CAD/CAE/CAM/CAPP等工业软件，将需求落实到具体的设计流程中，不断优化数字化产品的研发设计流程，不断提高企业创新能力和快速响应市场的能力。

整体来说，电子信息行业拥有良好的数字化基础和较高的发展水平，2022年电子信息行业的关键工序数控化率、生产设备数字化率、数字化生产设备联网率、工业云平台应用率分别达到61.3%、57.6%、49.6%、54.8%，生产设备与生产线的数字化改造不断提高电子制造的精细度，从而达到高效、高精加工的品质要求。在经营管理环节，电子信息行业经营管理数字化普及率、ERP普及率、PLM普及率分别达到78.0%、76.4%、26.8%，企业开始探索关键业务系统集成、资源优化和一体化管理模式，减少经营管理中的信息不对称，有效降低内部沟通成本，实现数据资源共享。新模式新业态应用稳步提升，开展服务型制造的企业比例、工业电子商务普及率、智能制造就绪率分别为 33.2%、69.1%、15.9%。在产业链协同发展方面，2022 年仅有 11.9% 的电子信息企业能够实现产业链协同。① 信息化渗透加快推动产业本身的智能制造、智能服务和转型提升，逐渐驱动电子信息产业链上下游企业协同发展，持续提高全产业链的整体竞争能力。

（三）电子信息产业集聚效应日益凸显

当前，电子信息产业初步形成了具有配套能力的三大产业基地：以深圳为龙头的珠江三角洲、以上海为龙头的长江三角洲，以及以北京为龙头的环渤海。这些电子信息产业集聚区之间空间分工布局初显，主要体现在产业空间分工和价值链空间分工两大方面。珠江三角洲重点聚焦于通信设备制造业，涵盖消费类电子产品、电脑零配件以及部分电脑整机的主要生产、组装基地，成为集成电路产品的主要消费市场。长江三角洲电子信息产业集群，主要集中在上海及周边地区和江苏、浙江两省，代表性的产品是集成电路、硬盘驱动器、显示器、笔记本电脑、打印机、扫描仪等，形成三大产业基地——集成电路产业基地、软件产业基地、计算机产业基地，成为国内主要的集成电路开发和生产基地。环渤海电子信息产业集群主要分布在北京、天津、河北、山东等省市，主要从事通信、软件、家电、元器件的生产，科研力量十分雄厚，全国性的技术研究开发很大部分集中于此②。

当前电子信息产业已成为国民经济的战略性、基础性和先导性支柱产业，加快数字化转型有利于转变产业生产方式、优化产业资源配置，是经济发展的大方向，是产业迈向中高端的重要路径。

---

① 数据来源于《中国两化融合发展数据地图（2022）》。
② 周子学：《电子信息行业成为数字化转型的主导力量》，《现代制造》2021 年第 16 期。

二　电子信息行业数字化发展现状

随着互联网、人工智能和数字孪生等新一代信息技术的发展，电子信息行业数字化发展不断深化。电子信息行业不仅是高技术产业的重要组成部分，更是我国经济转方式、调结构、聚新能的重要保障。近年来，受到新冠疫情冲击，我国工业经济面临严峻的发展形势，而高技术产业发展保持了稳定向好的发展态势，电子信息行业表现尤其突出，为我国工业经济的稳定健康发展作出重要贡献[①]。

（一）电子信息行业数字化转型发展规模持续扩大

在复杂的国际环境下，我国电子信息行业市场规模大的优势凸显产业韧性强的特点。产业链配套完整、制造业资源要素优势和庞大的消费市场规模，使我国电子信息行业开始由快速发展期进入高质量转型期，发展主要推力逐渐由规模红利转向数字化转型增值，电子信息行业数字化转型进程加快[②]。随着电子信息行业数字化渗透率与普及率不断提升，电子信息行业数字化市场增量空间广阔。2022 年，电子信息行业产业数字化市场规模为 187 亿元，研发设计类软件占66.4%，管理运营类软件占 23.6%，生产控制类软件占 10.0%。

（二）电子信息行业数字化生产体系日趋完善

相对于其他国家，我国的电子信息行业发展起步较晚，但呈现惊人的发展态势。在短短几十年中，我国的电子信息行业已形成一套极

---

① 赵子军、王连升：《第八届中国电子信息行业社会责任年会在京成功举办》，《中国标准化》2022 年第 1 期。

② 赵子军、王连升：《第八届中国电子信息行业社会责任年会在京成功举办》，《中国标准化》2022 年第 1 期。

为规范的工业生产体系，产业基础逐渐与世界先进水平接轨。进入21世纪，电子信息行业逐渐成为国民经济的支柱性行业，电子信息产品也朝高技术水平、高品质、高附加值方向良性发展。

（三）电子信息行业设备精密管理能力持续提升

传统电子信息制造业以流水线生产方式为主，依赖于大量的生产设施设备，一旦发生设备故障、管理不善，就会导致生产停机、提前报废、产品质量隐患等问题，对企业造成巨大损失。因此，在电子元器件、精密模具和精密零组件等领域，应重点加强监管、提升技术水平，保证产品一致性和可靠性。随着自适应感知、传感器、精确控制与执行等的发展，覆盖设备全生命周期的实时态势感知、远程故障诊断和预测性维护成为可能。以边缘智能技术为例，通过对设备运行状态的实时检测，调用基于工业大数据的 AI 模型对生产设备可能的工况状态、潜在的故障模式做出推断，做到预测性维护。现有的预测性维护如国产边缘智能计算物联网（EC-IoT）方案能够帮助生产企业减少超过 70% 的业务中断事件，维护和运营成本下降了 50% 左右。

（四）电子信息行业技术创新能力有待提升

目前，我国已成为全球电子元器件第一大生产国，电子信息行业相关企业达数万家，但企业实力整体偏弱，自主创新能力不足，骨干企业匮乏，行业整体呈现大而不强的局面[1]，在技术水平、产业化能力方面与国际领先水平存在较大差距。具体来说，我国电子信息行业创新基础差、能力弱，缺乏创新型企业家和技术人才，政策支持不到位，企业创新意识薄弱，过度依赖传统经营增长方式和企业发展模式。

---

[1] 赵子军、王连升：《第八届中国电子信息行业社会责任年会在京成功举办》，《中国标准化》2022 年第 1 期。

三　电子信息行业数字化发展路径分析

近年来，我国电子信息行业稳步构建工业互联网平台，依托半导体照明、印制电路板、电子材料等基础电子优势，持续完善产业链条，不断推动行业高质量发展。当前，该产业也面临生产排产切换慢、设备管理精度不够、生产管理效率低、产品质量管控不严等痛点问题，亟须加快数字化转型步伐，全面提升设备改造、生产研发管理、供应链管理等环节的数字化水平[①]。

我国电子信息行业转型发展之路大致可分四步走：首先是数字化基础准备阶段，实现基础设施数字化改造，拓宽智能生产设备应用广度；其次是单项应用阶段，加强生产管控软件与研发设计软件应用，在此基础上，充分挖掘数据价值，提高生产过程智能管控水平；再次是内部集成阶段，加快企业内部资源融通与集成，推动制造系统集成应用，搭建数字孪生系统；最后是智能协同阶段，以5G、工业互联网等新一代信息技术为依托，打造供应链协同制造体系，提升电子信息产业与服务业的融合水平。

（一）数字化基础准备：提升智能化设备应用能力

1. 全面部署智能化生产设备，夯实数字化转型基础

以电子信息制造业领域为例，其数字化转型以传统信息系统、软件应用为基础，以生产环节为切入点，各环节根据各自业务需求从简到繁独立更新迭代数字化应用，再逐步打通数据流和业务流，将单点数字化应用串联起来，实现全局范围内的数字化应用。生产环节的数

[①] 邓海军、范习松：《关于电子信息工程的现代化技术要点探讨》，《科技风》2014年第24期。

字化转型是电子信息制造业数字化转型的关键和基础，数字化工厂是电子信息制造业企业数字化转型的主要切入点。电子信息制造业对产品高良率和设备高稼动率有非常高的要求，产线一般须保证设备稼动率在80%以上并且长时间有足够大的产量，才能确保生产成本在可控制的范围内。因此，企业需结合实际生产情况在以上环节扩大智能生产设备应用范围。

2. 建立专职信息化建设队伍，提升企业数字化转型能力

（1）建立专职信息化建设队伍，实施项目化管理

数字化转型是一个庞大且复杂的系统工程，企业最高层需要进行决策，并且建立强有力的专业化团队来实施项目化管理。通过打造专职信息化建设队伍，制定与数字化、信息化相结合的企业战略、组织结构和业务流程等，是实现电子信息行业企业全面数字化转型的关键环节①。如设置信息化经理，负责企业信息化规划，保证企业信息化建设的逐步完善以及与企业战略规划的目标一致；设置软件主管，负责集团软件、系统、网络规划，提供技术支持以及存储、备份等系统管理及维护工作；设置硬件主管，负责计算机、打印机等用品的采购、维护、维修、保养等以及操作系统等软件的安装及维护，协助软件主管负责部分系统管理工作；设置管理员，负责设备的登记、领用、调拨、折旧、报废等的系统管理以及IT设备费用等统计分析，协助硬件主管负责部分系统安装及维护工作；设置开发员，负责系统开发和报表完成。

（2）构建企业数字化转型总体规划与能力蓝图

数字化转型已成共识，多数企业尤其是大型企业已确立数字化战略并将其作为组织核心战略。信息化主管部门，应结合业务具体需求，构建企业数字化发展的战略规划。规划应覆盖产品研发、采购销

① 崔佳星、付宇涵、马冬妍、王庆瑜：《中国大型企业工业软件应用现状及绩效提升关联分析》，《科技导报》2023年第2期。

售、制造装备、仓储物流、协同服务等全价值链的数字化转型设计，通过企业数字化转型能力蓝图，设计好企业数字化虚拟研发、全流程质量管控、稳定生产、精益管理、服务延伸等各方面能力提升目标，实现企业数字化管理与数字化建设的双向驱动。

（二）单项应用：开展数据资源初级应用，完善培养体系

1. 全面部署智能系统，提升精益生产与智能制造能力

（1）加强数据全生命周期管理，挖掘数据价值

电子信息行业企业在零部件、生产设备与产成品制造和智能产品销售过程中能够产生大量数据信息，企业着力开展数据采集、处理与利用，充分发挥数据价值。数据获取方面，安装摄像头、智能传感器、三维扫描仪等数据采集工具，广泛部署数据节点，多渠道采集数据资源。利用泛在智能感知技术，高效采集研发、生产、销售环节的多源设备、异构系统、人员等数据并自动记录实时上传至云平台。数据管理方面，建立覆盖原料、设备、产品、物流、人员等全方位的数据库与知识库，积累产品从研发生产到销售环节的全流程数据，并利用 PLM 等工业软件加强数据分类管理与集中处理能力，强化数据要素对生产流程的赋能作用，实现业务运营监控、经营分析和风险管控①。同时建立安全防护机制，定期开展数据安全评估工作，充分保障数据安全。数据集成方面，加强多源异构数据的规范化处理与集中整合能力，基于数据打通产品全生命周期各个环节，为开展数字化管理、个性化定制、智能化制造等模式创新提供数据资源支持。

（2）拓展工业软件应用广度与深度

电子信息产品制造具有一定的技术门槛，随着行业不断发展和成

---

① 王丹、王庆瑜、付宇涵：《新形势下中国两化融合发展的新方向》，《互联网天地》2021 年第 8 期。

熟，技术门槛已经逐渐降低。而行业整体生产标准化和成熟度不高，企业成本浪费加大是目前电子信息产品制造面临的较大痛点，可通过以下方面改进提升：企业基于 MES 等生产管控软件，需要对生产过程中的工序设计、设备运行、产品检测、人员安排等动态数据进行全面监控，实现从电子材料采购到产成品入库的全过程质量可追溯。同时，基于海量生产质量大数据，通过对关键指标特征多维关联分析，建立产品质量关于相关联特征的分类模型，从而实现产品制造质量预测。在此基础上，结合遗传算法和图像智能识别技术，实现工艺流程自主优化，节约制造资源，保证产品质量，提高生产效率，降低制造成本，提高企业生产的标准化水平。

2. 加大信息化人才培养力度，建立健全人才培养机制

（1）明确信息化人才培养方向

企业应提升对信息化人才的重视程度，明确企业发展过程中的人才队伍需求。信息化人才培养方面要重点围绕信息化专业人才、信息化管理人才、信息化应用人才三个方向[1]。

信息化专业人才能够对企业所产生的数据进行采集、存储、处理、分析、治理等操作，根据企业的需求进行数字化平台搭建和维护，构建数字化基础架构和应用环境，并进行一系列专业处理。信息化专业人才主要包括产品经理、研发工程师、数据工程师等。

信息化管理人才负责制定企业数字化战略，承担数字化转型执行责任，能够在企业现状、需求和现有数据资源的基础上，把握行业未来，洞察市场变化，勾勒前瞻蓝图，制订务实计划，监控落地执行。同时在企业数字化转型过程中，信息化管理人才发挥带头作用，将数字化的观念持续灌输给每一位团队成员，进而引导团队协同合作，完

---

① 梁艺多、陈恒：《以结果为导向，重塑企业信息化人才培养体系》，《人力资源》2023 年第 5 期。

成企业数字化目标。

信息化应用人才在企业的生产制造、人力资源、市场营销、财务管理、供应链管理等业务领域中都十分关键，此类人才负责提出数字化需求、制定数据标准、定义应用场景、使用数字化工具、输出标准的数据；通过数据的不断累积、采集、融合、计算、处理、分析、挖掘，产生新的洞察力，指导业务开展和管理决策，实现"数据业务化"。

（2）制定信息化人才培养方案

适应新形势的人才培养管理方案是保证数字化转型长期推动的核心动力，企业管理层要制定具体有效的数字化人才培养方案并监督其执行效果[①]。其中包括：①加强信息化业务岗前培训和在岗培训，既要保证新员工快速掌握相关技能，也要保证老员工对数字化转型改革的及时适应；②挖掘人才，依托国家和省重大项目等、高层次人才引进计划，支持引进一批国内外急需紧缺领军人才；③完善奖惩制度，落实相应的激励机制，鼓励员工积极创新，同时也针对弄虚作假行为，制定详细的处罚措施，包括通报批评、警告、记过、撤职、降薪、降级、开除等行政处分及经济处罚。

（三）内部集成：加快企业内部资源融通与集成，激发企业管理新动能

1. "三步走"推动企业内部集成升级

深入应用云计算、大数据、物联网、数字孪生等赋能技术，构建工业互联网平台，实现全业务链条数据的互联互通互理解，发展研发、生产、制造、运营及服务的云边协同、边边协同的应用模式，形

---

① 梁艺多、陈恒：《以结果为导向，重塑企业信息化人才培养体系》，《人力资源》2023 年第 5 期。

成平台化解决方案。

（1）构建互联互通通信网络

企业应在基础网络的基础上，实现各子网络和设备间的集成互通，同时保障多通信网的集中调度指挥能力，实现信息的双向互通。企业网络建设应以基础网络为主、融合网络为辅，以环形拓扑结构为主、星型双链路拓扑结构为辅，积极引入 5G 等先进通信技术，保证网络传输速度、稳定性及灵活性，垂直连通高端生产设备，横向交互部门和流程信息状态。

（2）推动系统集成应用

互联互通的网络基础为企业内部的系统综合集成提供了必要条件。企业生产经营管理等不同环节通常选取的系统相对独立，并且来自不同厂家，这就致使集成过程当中数据架构、数据接口、数据标准、数据格式等不统一，系统间互联互通的操作难度增大。而企业实现内部集成需要全局的数据作为支撑，因此亟须深入推进系统集成应用。

（3）搭建数字孪生系统

在集成互联阶段，电子信息行业企业可通过工业互联网产品的几何、工艺、质量、运行环境等参数建立数字孪生系统，通过仿真和虚拟测验进行低成本的产品研发，缩短产品研发和上市周期。研发设计方面，基于数字孪生技术实现研发环节"零成本试错"，有效提升产业研发创新水平。智能排产方面，利用数字孪生预先对新产品生产计划排程、物料管理、订单管理、质量管理和设备管理进行建模测试，形成最优方案，帮助企业缩短新产品导入周期和交付周期。监控运行方面，对企业的人、机、料、法、环进行数字化建模，实时监控企业运行情况，及时发现不合理和低效管理流程，提出科学规范的改进方案，有效提高组织管理效率，辅助企业实现精益管理。

（4）打造数据服务支撑平台

电子信息行业企业可根据自身规模、经济实力、应用场景等多维因素综合考虑，或采用自建，或采用租赁等多种形式打造企业数据服务中心，完成数据的统一存储、计算及接口服务，形成高端制造业大数据服务平台，为上层应用提供统一的数据服务。包括基础技术服务，涵盖基础性日志管理、报表服务、搜索引擎、图层合成、工作流引擎等；数据管理服务，涵盖数据清洗、合并、抽取、存储、查询、统计、可视化等，以提高技术人员数据处理效率；数据交换服务，涵盖数据派发、推送、通信等，便于企业管理层及一线员工能及时了解产品生产的实时动态及时作出响应决策；应用分析服务，平台基于数据分析结果实现原材料调度、生产工艺控制、成品检测、库存调整、后期运维等服务。

2. 构建数字技术创新平台，推动行业数字化枢纽建设

（1）系统构建区域创新体系，发展技术合作生态

一是加快布局一批国家级、省级重点实验室、高新技术创新中心，强化企业创新主体地位，系统化打造高水平创新平台，凝聚高水平创新型人才，开展企业技术难题攻关、高校科研院所技术成果转化、专利技术转让、校（院所）企战略合作等服务；二是以合作引进为主要路径，持续推进新型研发机构建设，围绕新一代信息技术创造条件、密切联系、主动对接，加强发达地区跨区域跨部门技术合作①。

（2）加快推进数字化转型统一数据架构

电子信息行业企业应建立统一数据架构，形成多源数据资源的统一管理规划，指导业务应用系统的集成建设，设计统一的数据共享通道与

---

① 王丹、王庆瑜、付宇涵：《新形势下中国两化融合发展的新方向》，《互联网天地》2021 年第 8 期。

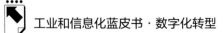

交互技术解决方案，形成适用的数据共享标准和规范，保证数据应用标准化与数据管理有效性。

具体包括：一是设计数据主题域视图，展现数据域和数据主题，数据主题域来源于实际业务需要，从业务能力入手，基于业务能力从宏观上梳理目前核心业务对应的数据主题域范围；二是形成概念数据模型视图，以各业务域构建维度体系，梳理、设计主题域下面的主要数据实体，科学分析数据实体之间的关联关系；三是完善数据治理相关办法设计，包括数据定义标准、组织、流程，数据质量考核办法等方面。

（四）智能协同：打造产业链高效协同模式，以新模式新业态引领电子信息行业发展新生态

1. 以新一代信息技术深度融合为突破口，加快产业链智能安全协同发展

（1）以工业互联网平台为支撑，打造供应链协同制造体系

针对供应链上下游的信息流通堵点和供需错配问题，工业互联网通过与下游信息的联通和反馈实现与客户的互联互通，分析客户数据实时感知市场需求，提供更加个性化的业务场景和服务方案，提高供应链整体的资源配置效率[1]。

企业基于工业互联网平台，实时采集设备、工具、物料、人力等数据，实时跟踪现场物料供应和消耗，结合库存情况精准安排采购和配货，实现生产、库存的动态调整优化，有效降低库存成本和管理成本。以工业互联网平台为连接枢纽，实现企业间供应链协同，实时采集供应链上下游企业的排产、生产、库存、物流方面的运行数据，优

---

[1]　付宇涵、董豪、马冬妍：《工业互联网：融合发展突破口》，《企业管理》2019年第12期。

化资源配置，实现供应链动态、精准协同。

（2）加快提升电子信息行业和服务业深度融合水平

围绕从电子信息产品创意生成到概念物化、工程化、产业化、市场化的创新服务链，深入挖掘数字化潜力，培育电子信息产业新型服务业态。鼓励企业提升设计能力，发展在线定制化设计、网络协同设计、用户参与设计和交互设计。促进技术研发、成果转移、创业孵化、知识产权、科技咨询等专业服务发展，提高企业的技术创新能力。

（3）加强工业互联网平台安全防护

在安全防护中，平台安全至关重要。一是面向设备端实施分层安全策略，构建多技术融合的防护体系。其关键部署在于确保工业互联网设备端的设备安全、控制安全、网络安全。首先，设备安全，通过采取设备身份识别、漏洞修复等安全策略，确保工厂内生产设备、智能终端等智能设备的安全。其次，控制安全，通过采取控制协议安全机制、指令防错机制、故障保护等安全策略，确保控制软件安全和控制协议安全。最后，网络安全，包括设备与上层软件之间网络安全、设备之间网络安全以及上层软件之间的网络安全①。通过采取通信和传输保护、工业防火墙等安全策略，确保工厂内网安全。二是面向企业端实施分层安全策略，构建全方位防护体系。其关键部署在于确保工业互联网企业侧的网络安全、应用安全和数据安全。首先，企业端网络安全，通过采取通信和传输保护、防火墙等安全策略，确保工厂外网安全。其次，应用安全，通过采取用户授权管理、代码安全等安全策略，确保平台安全、本地应用安全、云化应用安全等。最后，数据安全，通过采取数据防泄露、数据加密、数据备份恢复等安全策略，

---

① 付宇涵、董豪、马冬妍：《工业互联网：融合发展突破口》，《企业管理》2019 年第 12 期。

确保包括数据收集、传输、存储、处理、销毁、备份恢复安全在内的数据全生命周期各环节的安全。

2. 建设可持续发展的组织管理模式，发展健康产业生态

（1）重构产业生态，打通产业供应链

生态重构旨在依托工业互联网平台等各类创新载体，打通产业链上下游的信息链、价值链、创新链，实现企业与企业间泛在互联、弹性供给、高效配置、深度协同，开辟多种新型商业模式，建立一致价值观企业生态群①。

在产业层面，中小企业充分发挥自身专业化优势，激发市场活力，广泛参与社会分工；充分发挥企业主体作用，形成高效的产业生态运行模式，打造优势互补、有机协同、持续发展的良性健康生态。

在平台层面，提升平台型企业综合服务效能。构建若干以平台型企业为主导的产业生态圈，发挥其整合资源、集聚企业的优势，促进产销精准连接、高效畅通。

（2）创建产业共享机制，加快技术攻关与成果转化

强化企业研发设计服务和制造业有机融合，瞄准转型升级关键环节和突出短板，推动研发设计、成果转化、生产制造融合发展、互促共进。一是引导研发设计企业与制造企业嵌入式合作，提供需求分析、创新试验、原型开发等服务。二是鼓励建立新型研发机构，适应技术攻关、成果转化等需求。三是加快培育高水平质量技术服务企业和机构，提供优质计量、标准、检验检测、认证认可等服务。四是促进工业设计向高端综合设计服务转型。完善知识产权交易和中介服务体系，推进创新成果转移转化。

---

① 崔佳星、付宇涵、马冬妍、王庆瑜：《中国大型企业工业软件应用现状及绩效提升关联分析》，《科技导报》2023 年第 2 期。

四 电子信息行业数字化转型发展对策建议

（一）持续增强研发创新能力

聚焦 VR、物联网、云计算等新型技术领域，围绕智能移动终端、半导体、电子视听等重点产业，加快对关键核心制作工艺、上游核心原材料、制造设备以及基础软件的自主技术攻关，补齐自主创新技术短板；建设一批重点实验室、制造业创新中心、工程（技术）中心等创新平台，推动构建以有机协调、共生发展为特征的区域性产业创新生态网络。以龙头企业为主导，建设若干面向关键共性技术研发需求的产业创新中心，建立适应创新资源跨界流动的产业创新协作机制，形成有利于协同创新的环境①。鼓励和支持企业在国内和海外设立创新研发机构，设立海外人才工作站和孵化平台、省外人才工作站，引进高端研究机构，引育创新创业人才，促进成果转化，优化全球协同创新环境。

（二）全面开展数字化质量管理

引导企业应用工业互联网、RFID、标识解析等技术全面获取生产全过程材料质量、工艺参数、自动化生产设备状态等数据，建立质量预测模型，实现潜在质量问题提前预警和及时处置；发挥新一代信息技术对质量提升的基础支撑作用，推动企业在生产运营智能化、产品创新数字化、用户服务敏捷化、产业体系生态化等方面，全面提高质量设计、在线诊断、产品溯源等全生命周期质量管理能力；支持产业集聚区、行业协会和"一条龙"上下游企业，从产品全生命周期

---

① 严也舟、王歆尧：《基于 DEA 模型的电子信息上市企业技术创新效率研究》，《科技与经济》2020 年第 2 期。

出发，合作开展产业质量技术基础公共服务平台建设与质量诊断，包括研发设计、生产制造、市场推广、供应链管理等环节，促进共性问题攻关以及解决方案的应用推广。

（三）搭建供应链协同响应体系

纵向打通企业内部设备层、控制层、执行层、管理层，实现数据全面贯通，不断夯实数字化、网络化、智能化发展基础，从而进一步推动内部集成管控和外部协同水平的显著提升。利用信息网络技术对企业业务流程进行重组，在采购、产品设计开发、生产、销售与物流，以及信息化管理等方面建立先进的业务流程体系，提高供应链运作效率[①]。通过电子商务系统集成整个供应链网络的信息和知识，打通各业务应用数据，提高对供应链数据的利用率，促进供应链各节点企业高效获取、分享和创造知识，形成以数据驱动的业务发展模式。提高全产业链供给体系质量，推动我国电子信息行业迈向中高端，重点区域形成以龙头企业为带动、配套企业为支撑、产业链环节完善的产业集群。提升产业链现代化水平。推动企业加快组织变革、关键业务上云，依托工业互联网平台构建网络化协同生产方式，促进上下游产业链快速重组，带动相关产业发展，实现生产和服务资源优化配置，提升产业链上下游协同管控水平，推动大中小企业融通发展。

（四）推动产品与服务智能化升级

加快突破关键技术，研发并应用一批具备复杂环境感知、智能人机交互、灵活精准控制等特征的智能终端设备，推进智能终端产品多元化发展。面向行业企业用户，提供解决方案和相关支撑配套服务。

[①] 宗伟：《面向不连续创新的电子信息企业集成产品开发研究》，《科技管理研究》2014 年第 7 期。

引导企业应用大数据、标识解析、AR/VR、人工智能、区块链等技术进行工艺改进、排程调度、质量管控等环节优化，应用超高清视频、可穿戴设备、智能服务机器人等开展数字化创新。

参考文献

王连升、孙永剑：《八成企业借电子信息技术促产业升级》，《中华工商时报》2023年2月15日。

郭安琪：《推动数据权属界定和流通合规 促进数据要素市场化发展——专访中国电子信息行业联合会数据要素市场促进会执行秘书长黄蓉》，《审计观察》2022年第8期。

周子学：《电子信息行业成为数字化转型的主导力量》，《现代制造》2021年第16期。

赵子军、王连升：《第八届中国电子信息行业社会责任年会在京成功举办》，《中国标准化》2022年第1期。

邓海军、范习松：《关于电子信息工程的现代化技术要点探讨》，《科技风》2014年第24期。

崔佳星、付宇涵、马冬妍、王庆瑜：《中国大型企业工业软件应用现状及绩效提升关联分析》，《科技导报》2023年第2期。

梁艺多、陈恒：《以结果为导向，重塑企业信息化人才培养体系》，《人力资源》2023年第5期。

王丹、王庆瑜、付宇涵：《新形势下中国两化融合发展的新方向》，《互联网天地》2021年第8期。

付宇涵、董豪、马冬妍：《工业互联网：融合发展突破口》，《企业管理》2019年第12期。

严也舟、王歆尧：《基于DEA模型的电子信息上市企业技术创新效率研究》，《科技与经济》2020年第2期。

宗伟：《面向不连续创新的电子信息企业集成产品开发研究》，《科技管理研究》2014年第7期。

区 域 篇

Area Section

B.10

江苏省制造业企业数字化转型
发展模式研究

张 磊 王庆瑜 巴旭成 王 琦 付宇涵*

摘　要： 为推进信息化和工业化在更广范围、更深程度、更高水平上
实现融合发展，加速推动5G、互联网、大数据、人工智能等
新一代信息技术和制造业深度融合，赋能江苏率先构建新发
展格局，10余年来，江苏省全面推进制造业智能化改造和数
字化转型，积极培育数字化管理、平台化设计、智能化制造
等新模式新业态，加快传统产业数字化转型升级，提升传统

* 张磊，国家工业信息安全发展研究中心信息化所工程师，从事两化融合、数字化
转型、先进制造业相关领域研究；王庆瑜，国家工业信息安全发展研究中心信息
化所工程师，从事两化融合、数字化转型等相关领域研究；巴旭成，国家工业信
息安全发展研究中心信息化所工程师，从事两化融合、数字化转型相关领域研究；
王琦，国家工业信息安全发展研究中心信息化所工程师，从事两化融合、数字化
转型相关领域研究；付宇涵，国家工业信息安全发展研究中心信息化所产业研究
部主任，高级工程师，从事两化融合、工业互联网、数字化转型等相关领域研究。

优势产业和支柱产业，促进产业聚集发展，构建现代产业体系，2022年两化融合发展水平达到66.4，连续八年位居全国第一，为其他省份的数字化转型发展提供了典型的模式。

关键词： 数字化转型　两化融合　制造业　江苏

一　江苏制造业数字化转型基础扎实

多年来，江苏省高度重视制造业发展，坚持把数字经济作为江苏转型发展的关键增量，加快推进数字产业化、产业数字化，深化实施先进制造业集群培育和产业强链行动计划，全面推动全省制造业智能化改造和数字化转型，促进制造业高质量发展，努力实现制造大省向制造强省的全面跨越，继续保持两化融合发展水平稳步提升，为全省制造业数字化转型发展奠定了扎实的基础。

（一）江苏省制造业发展的历史变革

新中国成立初期，江苏工业体系以纺织、食品等轻工业为主。改革开放后，江苏乡镇企业在短缺经济环境下获得了快速发展，纺织、轻工、机械、电子、建材等产业迅速壮大成为支柱产业。自20世纪90年代末以来，各地借助上海浦东开发开放的机遇，通过兴办经济开发区和工业园区，大规模吸引外资，承接国外产业转移，外资外贸高速增长，成为推动经济发展的重要动力。世纪之交，江苏省掀起了乡镇集体企业改制的浪潮，民营企业数量大幅增长、规模迅速扩大，特别是2001年我国加入世界贸易组织后，江苏对外开放进一步深化，私营个体经济、外商投资经济占全省经济比重超过60%。2008年美国次贷危机爆发后，以美国为代表的发达国家实施"再工业化"战略。江苏经济发展中一些长期积累的矛盾也开始集中显现，导致江苏省工业经济增速出现较大幅度回落，呈现增速换挡、动力转换、结构调整、方式转变等新特征。

（二）江苏省制造业的高质量发展

经过40多年的发展，江苏制造业积累了雄厚的基础实力。首先是规模总量大、支撑作用强。制造业增加值达4.2万亿元，占全国制造业增加值的13.4%，占地区生产总值的35.8%，均居全国第一（2022年上半年进一步提高到37.4%，持续位居全国首位）。八大行业中规模超万亿元的行业有5个（机械3.99万亿元，电子2.46万亿元，轻工2.24万亿元，冶金2.19万亿元，石化1.36万亿元），机械、纺织行业规模居全国第一，电子、石化、医药行业规模居全国第二。[①] 其次是门类体系全、集群化水平高。江苏省覆盖制造业全部31个大类179个中类609个小类，因此在多个领域形成了体系完备、配套齐全的集群和产业链。在国家先进制造业集群竞赛中，江苏省有6个集群在决赛中胜出，总数全国第一，江苏省有望继续扩大全国领先优势。最后是骨干企业多、带动效应好。截至2022年10月，全省规上工业企业数51323家，亿元以上企业18426家。超百亿元企业（集团）172家，超千亿元企业12家，实现营业收入超7万亿元，百亿元以上企业平均营收规模达420亿元。全省58家企业入围"2022中国制造业企业500强"，82家企业入围"2022中国制造业民营企业500强"，江苏涌现出恒力、沙钢、盛虹、徐工、波司登等一批引领力和带动力强的世界企业和国际品牌。[②]

二 江苏省制造业数字化转型发展成效显著

江苏从21世纪初开始启动两化融合工作，以信息化带动工业化，

---

① 数据来源于江苏省统计局官网。
② 数据来源于江苏省工业和信息化厅官网。

促进工业化与信息化深度融合，2016 年把智能制造作为两化深度融合的主攻方向，大力实施智能制造工程。2018 年江苏省政府出台发展工业互联网的实施意见，2021 年又出台智能化改造数字化转型三年行动计划，进一步加快制造业数字化、网络化、智能化转型升级。2022 年以来，江苏省认真贯彻落实《江苏省制造业智能化改造和数字化转型三年行动计划（2022—2024 年）》，高效统筹工业经济发展，各项工作开局顺利并取得了显著的阶段性成果，为圆满完成三年行动计划确定的各项目标奠定了坚实基础。党的十八大以来，江苏立足庞大的制造业基础优势，抢抓新一代信息技术与制造业融合发展机遇，推动数字产业化、产业数字化实现蓬勃发展，数字化转型总体发展水平居全国前列。2022 年江苏省两化融合发展水平为 66.4（见图1），较全国平均水平（59.6）高出 11.4%，连续八年保持全国第一，生产设备数字化率为 60%，关键工序数控化率达到 61.6%，数字化研发设计工具普及率达 88.1%，均居全国第一，全省制造业数字化、网络化、智能化水平显著提升。

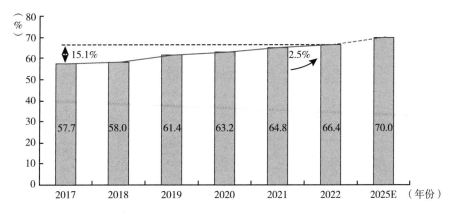

图 1 2017～2025 年部分年份江苏省两化融合发展水平

资料来源：《江苏省两化融合发展数据地图（2022）》。

（一）智能制造示范引领作用明显

江苏省推动和组织企业大规模实施智能化改造，培育了一批产线级、车间级、工厂级典型示范，全省智能制造发展指数排名全国第一。在全国率先创建智能车间的做法得到国务院的肯定，并向全国推广。截至 2022 年 10 月，全省拥有全球"灯塔工厂"8 家，国家级智能制造示范工厂 9 家、优秀场景 17 个，累计建成省级智能制造示范车间 1639 个、示范工厂 138 家、工业互联网标杆工厂 214 家；19 家企业入选国家智能制造试点示范项目，39 个项目获得国家智能制造专项支持。推行智能制造也给企业带来了"看得见、摸得着"的经济效益，据统计，各类智能制造试点示范项目建成后，企业生产能耗平均降低 10%以上，综合成本降低 20%以上，生产效率提升 30%以上，产品合格率提升至 97%以上，产品质量和竞争力显著提高。例如，南钢集团全面实施基于工业互联网的数字化转型，推进高效率低成本制造和产品全生命周期管理，形成了南钢独具特色的 JIT+C2M（准时制配送+个性化定制）个性化定制新模式。实现综合产能提升 20%、研发周期下降 30%，助力上下游产业链整体成本下降 3%。①

（二）工业互联网平台发展基础不断夯实

江苏省大力实施工业互联网创新发展行动，工业互联网网络、平台、安全三大体系加快构建，深入推进"一市一平台、一行业一平台"培育工程，构建工业互联网平台安全保障体系，进一步提升数字化转型服务能力和水平。截至 2022 年 10 月，全省围绕新型电力装备、工程机械、生物医药等先进制造业集群，累计培育国家"双跨"平台 4 个、特色专业型平台 37 个、省级平台 142 个，

---

① 数据来源于江苏省工业和信息化厅官网。

初步构建了综合型、特色型、专业型平台赋能体系。推动企业"上云用平台"，累计培育超 1.3 万家星级上云企业，带动约 38.5 万家中小企业上云。徐工汉云、中天互联等平台连接设备数均超过百万台。推动平台向园区集聚，苏州工业园区和相城区入选国家工业互联网产业示范基地，4 家园区入选国家"平台+基地"试点，累计创建 23 家省"互联网+先进制造业"特色产业基地。例如，朗坤苏畅工业互联网平台入选全国"双跨"平台，以工厂全生命周期管理和智慧化管控为主线，为能源等 15 大行业 3 万多家企业提供数字化服务，助力工业企业和园区提高安全生产水平、降低能耗，加速实现绿色、高质量发展。①

（三）数字基础设施建设水平大幅提升

江苏省大力推动 5G、标识解析建设及融合发展，为制造业数字化转型提供强有力保障。目前，全省在用数据中心标准机架数约 47 万架，居全国前列。中国电信南京（吉山）云计算数据中心、阿里巴巴江苏云计算南通数据中心成为国家首批典型案例。截至 2022 年 10 月，全省累计建成 5G 基站 17.8 万座，位居全国第二；部署万兆无源光网（10G PON）端口达到 106 万个，位居全国第一。强化标识解析作为"工业互联网身份证"的建设，累计上线标识解析二级节点 48 个，标识注册量达 1275 亿条，标识解析量达 869 亿次，接入节点企业数 13.2 万家，各项指标均稳居全国第一。例如，中天互联是国家工业互联网标识解析体系建设运营和产业生态建设最重要的参与者，为行业企业提供了工业码一体化、大数据分析、数字精准营销等服务。已累计服务企业 18719 家，累计标识注册量、解析量分别为 166 亿条、173 亿次。是全国首家标识量、

---

① 数据来源于江苏省工业和信息化厅官网。

解析量实现双百亿的二级节点，建设运营的二级节点数量居全国首位。[①]

（四）数字经济核心产业提速发展

江苏省坚持把大数据、云计算、人工智能、区块链等作为战略性新兴产业进行培育，在软件和物联网领域打造了两个国家级先进制造业集群。数字经济核心产业增加值占 GDP 比重约为 10.3%，对 GDP 增长的贡献率超过 16%。软件和信息服务业收入达 1.2 万亿元，建模仿真工业软件打破国外垄断，南京成为全国首个中国软件名城，苏州、无锡获评中国软件特色名城，软件名城获评数量位列全国第一，全省纳入统计的软件企业数量和省级以上软件园区数量位居全国第一。南京成功创建国家人工智能创新应用先导区，苏州获批全国首个区块链发展先导区。20 个项目入选工业和信息化部大数据产业发展试点示范项目，数量居全国前列。集成电路产业业务收入 2758 亿元，连续 15 年保持全国第一，创建了国家集成电路特色工艺及封装测试制造业创新中心，承担的"高密度高可靠电子封装关键技术及成套工艺"项目获国家科技进步奖一等奖。例如，无锡卓胜微凭借射频集成电路领域的持续创新，完成国产替代，一举成为华为、三星、小米等公司一级供应商，产品广泛应用于智能手机、通信基站、汽车电子、无人飞机、VR 设备、智能家居等领域。2021 年实现营业收入 46.3 亿元，净利润 21.35 亿元。

（五）新业态新模式不断发展壮大

江苏省通过培育引导和政策支持，在数字化管理、平台化设计、网络化协同、智能化制造、个性化定制和服务化延伸等 6 个方面，

---

① 数据来源于江苏省工业和信息化厅官网。

催生一大批数字化转型新业态新模式。例如，在智能化制造方面，常州微亿智造围绕电子和汽车零部件领域，通过 5G、机器视觉及 AI 技术融合，实施"机器质检""机器换人"，帮助用户实现单一产品质检耗时从 60 秒缩短为 1 秒，检测正确率由低于 95% 提高到 99.96%，每年节约人力成本近 1 亿元。例如，在个性化定制方面，南京我乐家居依托数字化转型打造大规模柔性化定制生产能力，促进内外部全业务全流程协同贯通，着力解决定制产品个性化与规模化生产矛盾。实现指令正确率大于 99%、包装效率提升 20%。例如，在服务化延伸方面，常州天正股份通过天正工业互联网平台集成的生产数据，为中小企业提供信用评估、金融风控和信贷服务，解决中小企业融资贵、融资难问题。截至 2022 年 10 月，已累计服务中小企业 2 万家，为超过 1200 家企业提供 30 多亿元授信和 13 亿元左右放贷额。

三　制造业企业数字化转型发展模式经验总结

（一）聚焦自主创新，在提升智能制造装备和软件自主供给水平上实现新突破

自主创新是制造业数字化转型的根本要求，必须统筹发展和安全，筑牢安全屏障，推动实现核心技术、重大装备、工业软件等安全可控。江苏省围绕 50 条重点产业链编制清单，摸清产业家底和技术长短板，梳理建立"卡脖子"技术（产品）清单和技术攻关项目库，连续 3 年实施关键核心技术揭榜挂帅攻关，累计实施关键核心技术（装备）攻关项目 199 个，财政资金支持 31.1 亿元，加快补链固链强链，突破一系列核心技术、产品等。目前，特高压设备（智能电网）、风电装备、起重机、轨道交通装备等 7 条产业链基本

达到中高端水平，国际竞争优势明显。下一步，江苏省将继续聚焦智能成套装备、数控机床、工业机器人、智能仪器仪表和工业软件等领域短板，组织核心技术装备攻关，构建自主创新的智能装备和软件保障体系；鼓励企业在数字化转型项目建设中，加大对自主创新产品的使用比例，积极推动自主创新产品在应用中试验试错、改进提高；多措并举推动全省自主创新的智能制造关键技术、软件、成套装备等的研发和产业化取得显著突破，智能制造系统性解决方案服务能力显著提升。

（二）聚焦中小企业，在破解不愿转不会转不敢转问题上实现新突破

推动面广量大的中小企业数字化转型，提升产业链供应链协同配套能力，是制造业数字化转型的重要基础。部分制造业企业碍于短期收益低、转换成本高、试错风险大，面对数字化转型缺资金、缺人才、缺方案，普遍存在"不愿转、不会转、不敢转"的问题。针对"不愿转"，江苏省将数字化转型作为企业的"一把手"工程予以推进，通过广泛的政策措施、典型案例宣传，让企业的思想观念不断转变。针对"不会转"，江苏省重点建设一个数字化转型云服务平台，推行智能制造顾问制度，为全部规模以上工业企业提供智能制造免费诊断服务，开展供需对接、参观见学活动，让企业的转型能力不断提升。针对"不敢转"，2022年起，省财政连续三年每年安排12亿元专项资金，市县配套60多亿元进行专项支持，通过项目补助、贷款贴息等方式支持企业开展智能化数字化改造。截至2022年10月，全省约有2.5万家企业实施智能化改造数字化转型工作，组织了近2000家服务商为1.9万家企业开展数字化转型免费诊断，计划2022年1万家规模以上企业完成智能化改造数字化转型任务，2万家企业完成诊断。

（三）聚焦分业施策，在推动传统行业全面数字化上实现新突破

数字化转型，首先，企业要了解"转什么""往哪转""怎么转"，解决好这三个问题是数字化转型成功的关键。一方面，强化政府侧引导促转。江苏省遴选化工、航空发动机关键零部件、服装、中药等12个细分行业编制了数字化转型实施指南（一版、二版），已经应用到2万家企业的诊断工作中，作为诊断服务商提出诊断意见的重要参考，部分行业指南已转化为团体标准试运行，进一步实现对行业数字化转型的精准、科学指导。另一方面，强化供给侧赋能助转。建立全省制造业智能化改造数字化转型服务资源池，围绕网络、智能装备、系统解决方案等七大领域，为企业提供全面的数字化转型服务，目前入池服务商超过300家。培育一批根植江苏省本土的领军服务商，对有代表性的智能制造龙头企业，鼓励和支持其剥离信息化部门成立独立法人，为行业提供赋能解决方案。另外，强化企业侧自主求转。聚焦传统制造业设备、产线、工厂等智能化和数字化新型能力打造，实施"一链一策""一企一策"，培育一批智能制造示范车间、示范工厂和工业互联网标杆工厂、5G全连接工厂，不断提升行业数字化转型水平。

（四）聚焦生态建设，在加快数字化转型要素汇聚支撑上实现新突破

财政税收方面，进一步加强省级财政专项资金管理，引导企业加大智能化改造数字化转型投入，加大对标杆企业、重大平台、重点项目的支持。进一步优化智能化改造数字化转型费用加计扣除政策指引，引导企业更多享受数字化转型方面的税收优惠政策。人才引培方面，发挥省重大人才工程引领作用，聚焦"高精尖缺"，持续引进智

能化改造数字化转型领域的战略科学家、科技领军人才和创新团队。进一步推进产教融合、校企合作，支持和推动现代产业学院建设，培养一批数字化转型卓越工程师及青年科技人才。重大平台方面，进一步办好、用好世界智能制造大会、中国工业互联网大会、两化融合暨数字化转型大会、世界工业与能源互联网暨国际工业装备博览会等重大交流推广平台，打造江苏数字化转型发展名片。机构服务方面，围绕"531"产业链和数字化领域新兴产业，打造一批专业水平高、服务能力强的支撑制造业数字化转型的联盟、协会和各类机构，支持其搭建更多元的平台、推动更精准的合作、提供更务实的服务。

四　结束语

习近平总书记多次强调，要做好信息化与工业化深度融合这篇大文章，推动制造业加速向数字化、网络化、智能化发展。党的二十大报告提出，要建设现代化产业体系，推进新型工业化。数字化转型本质上是加快新一代信息技术与先进制造技术融合，实现对制造业全方位、全业务、全要素的变革。江苏省是实体经济大省，制造业规模全国最大，推进制造业数字化转型潜力巨大，对于我国整体制造业的转型发展意义重大而深远。

参考文献

胡广杰：《在全省制造业智能化改造数字化转型工作推进会上的讲话》2023年2月9日。

朱爱勋：《关于全省制造业智能化改造数字化转型推进情况的汇报》2023年2月9日。

谢志成：《江苏推进制造业数字化转型的实践与探索》，2022 年 10 月 28 日。

刘中正、张巍巍：《江苏推动产业数字化转型关键举措》，《中国科技信息》2022 年第 9 期。

国家工业信息安全发展研究中心：《中国两化融合发展数据地图（2022）》，2022。

B.11
河北省以深化工业互联网创新发展
促进工业转型升级*

巴旭成　付宇涵　王庆瑜　张磊　王琦**

摘　要：　河北省以深化新一代信息技术与制造业融合发展为主线，强
化融合发展基础设施建设，大力推动工业互联网创新发展，
加快制造业数字化转型，推动数字产业规模持续壮大，加快
构建两化融合发展生态。本文系统梳理总结河北省两化融合
工作部署和发展现状，形成河北省以两化深度融合为引领的
数字化转型发展模式与路径，最后提出相关发展建议。

关键词：　两化融合　数字产业化　产业数字化　工业互联网

　　当前，河北省工业互联网创新发展取得显著成绩，全省网络、平台、
安全三大体系初见成效，新模式新业态加速涌现，两化融合发展水平达

　　*　如无特殊标注，本文图表数据来源于两化融合公共服务平台（www.cspiii.com）。
　**　巴旭成，国家工业信息安全发展研究中心信息化所工程师，从事两化融合、数字
化转型相关领域研究；付宇涵，国家工业信息安全发展研究中心信息化所产业研
究部主任，高级工程师，从事两化融合、工业互联网、数字化转型等相关领域研
究；王庆瑜，国家工业信息安全发展研究中心信息化所工程师，从事两化融合、
数字化转型等相关领域研究；张磊，国家工业信息安全发展研究中心信息化所工
程师，从事两化融合、数字化转型、先进制造业相关领域研究；王琦，国家工业
信息安全发展研究中心信息化所工程师，从事两化融合、数字化转型相关领域
研究。

到 57.2，位居全国第 12，其中关键工序数控化率为 61.5%，位居全国前列。本文聚焦河北省以工业互联网创新发展推动制造业加速向数字化、网络化、智能化发展，开展新模式新业态创新应用和工业企业上云用云，推进两化深度融合发展，系统梳理总结了河北省两化融合工作，基于河北省产业发展基础和发展现状，分析研判河北省工业互联网创新发展推进工作模式，为其他省市制造业高质量发展提供参考借鉴。

一 工业互联网三大体系赋能制造业高质量发展[①]

为深入实施工业互联网创新发展战略，推动制造业加速向数字化、网络化、智能化发展，引导企业构建工业互联网网络、平台、安全三大体系，开展新模式应用和企业上云，实现两化融合高质量发展，河北省工业和信息化厅近日制定印发了《推动新一代信息技术与制造业深度融合加快工业互联网创新发展导向目录（2022 年）》《河北省质量强省建设行动方案（2023—2027 年）》《加快建设数字河北行动方案（2023—2027 年）》等文件，持续加强顶层设计，优化完善政策体系，推进新一代信息技术与制造业融合试点示范等多项工作，加速实现制造业数字化转型升级。

（一）强化融合发展基础设施建设，显著提升工业互联网三大体系支撑能力

一是全面提速信息基础设施建设，2022 年新建 5G 基站 3.8 万个，全省 5G 基站累计突破 9 万个，排名全国第七。持续推动 IPv6 规模部署，全省移动网 IPv6 流量占比超过 45%，固网 IPv6 流量占比超过 13%，较 2020 年底提升 200% 以上。建设运营工业互联网标识解析

---

① 本章数据来源：河北省人民政府、河北省工业和信息化厅等。

二级节点，新建标识解析二级节点 2 个，全省 5 家标识解析二级节点累计接入企业 830 家，标识注册量达 3.2 亿个，标识解析量达 9.9 亿次。全年新建 5G 应用项目 383 个，其中"5G+工业互联网"项目 95 个，39 个项目入选河北省"5G+工业互联网"典型案例，56 个项目入选全国 5G 全连接工厂"种子"项目库，数量位居全国第 5。其中长城精工入选国家 5G 全连接工厂试点示范，实现河北省零的突破。此外，全国唯一 E 波段高容量微波通信试点落户雄安。

二是初步建成工业互联网平台体系。完成省级工业互联网公共服务平台框架设计，培育省级工业互联网平台 127 个，其中河钢数字 WeShyper 工业互联网平台被认定为第一个省级跨行业跨领域工业互联网平台。全省还引进龙头企业，签约落地多个工业互联网平台，如科大讯飞羚羊工业互联网平台、用友精智工业互联网平台、旭阳云工业互联网平台、凌霄工业互联网平台等，累计培育工业互联网平台 280 个，连接工业设备 1027 万台（套），服务企业 13.7 万家，累计 32 个平台被工业和信息化部（以下简称"工信部"）列为试点示范平台。

三是打造工业互联网安全保障体系。完成了 30 个工控系统信息安全试点建设，开展了工业互联网安全深度行活动，对网络安全分类分级、工业企业安全监测管理、工业信息安全防护等国家政策标准进行宣贯培训；建成省工业互联网安全态势感知平台，对 11 个地市 1400 余家工业互联网企业开展工业互联网资产主动探测预警工作；举办河北省工业控制系统信息安全事件应急演练观摩活动 33 场，推动各市和 30 个工控安全试点企业编制了市级和企业级预案，形成了省、市、企业三级预案体系。

（二）深化新一代信息技术应用，加速制造业数字化转型

一是开展省级试点示范项目培育。2022 年培育省级工业互联网创新发展重点项目 454 个，总投资额超过 97 亿元，遴选省级工业互

联网试点项目 100 个，上线运行河钢数字 WeShyer 工业互联网平台、河北电信"冀企云"工业互联网平台、大河云计算中心、华为云营销能力中心等 196 个项目，成功打造国家新一代信息技术与制造业融合试点示范项目 15 个，数量居全国第 2 位，此外全省有 3 家企业入选国家首批"数字领航"企业，6 家企业入选国家智能制造示范工厂，7 个案例入选国家建材工业智能制造数字转型典型案例，数量均居全国第 1 位。

二是加快推动"十万企业上云"。河北省印发了《河北省"十万企业上云"行动计划（2022—2025）》《河北省企业上云星级评定工作指南（试行）》等文件，通过完善省企业上云公共服务平台，组织开展企业上云星级评定工作、企业上云大讲堂、云服务商对接帮扶活动等，不断加快企业上云用云。2022 年全省上云企业新增 1.5 万余家，累计上云企业突破 7.7 万家，全省企业工业设备上云率达到 17.7%，居全国第 1 位。

三是促进区域数字化转型。创建京津冀工业互联网协同发展示范区，开展工业互联网一体化进园区"百城千园行"活动，组织工业互联网服务机构与园区对接，加快推动区域数字化转型。此外，全省还高度重视电子商务发展，积极培育省级电商示范基地、电商企业，开展"冀优千品"河北制造网上行活动，加快电子商务发展模式的普及应用。

（三）推动数字产业规模持续壮大，加快构建两化融合发展生态

一是不断完善产业创新体系，增强技术创新支撑能力。河北省积极推动相关企业联合高校、科研院所，在信息技术领域建设一批创新服务平台，截至 2022 年，建有国家级企业技术中心 51 家、信息领域的国家重点实验室 3 家。此外，河北省新认定省级协同创新中心 16

个，吸纳 20 所京津高校、22 个科研院所、9 家企业参与共建，新增省级科研创新平台 59 个，连续三年支持相关领域重大科技项目 29 项，财政资金投入 2.46 亿元，取得重大技术成果 65 项，申请专利 415 件，形成标准 26 项。

二是加速壮大信息产业规模。全省大力发展电子信息制造业，实施百项重点项目攻坚，启动建设全国一体化算力网络京津冀枢纽节点，推动大数据产业加速聚集。全年培育电子信息领域国家"专精特新""小巨人"28 家、国家制造业单项冠军 1 家，培育省级"专精特新"企业 328 家、单项冠军 42 家、中国电子百强企业 2 家。

三是扎实开展融合发展基础性工作。深入开展两化融合整体性评估，组织河北省规上工业企业、107 个重点产业集群企业和"专精特新"中小企业等 2.6 万余家开展两化融合水平评估工作，数量居全国第 4 位，实现规上工业企业全覆盖。积极推动 DCMM 评估贯标工作，遴选邢台、唐山两市为省级 DCMM 贯标试点地区，举办 DCMM 知识竞赛初选赛并择优推荐选手参加决赛，宣贯培训近 2000 人，185 家企业通过 DCMM 评估认证，数量居全国第 1 位。

二　两化融合发展持续向广度深度拓展

两化融合是新型工业化的典型特征和重要任务，是新时期推进制造业数字化、网络化、智能化发展的必由之路，是建设制造强国、网络强国和数字中国的扣合点。推动信息化和工业化深度融合，深入推进新型工业化，是全省工业经济高质量发展的重要战略选择。本文重点聚焦研发设计、生产制造、软件应用、经营管理等方面，分析河北省企业数字化转型现状，并从横向覆盖角度，分析信息技术在企业关键业务环节全面融合应用情况，以评价企业数字化转型整体现状。

（一）两化融合发展水平保持稳步增长态势，位居全国第12

1. 两化融合发展水平达到57.2，较上年增长了4.6%，比2018年增长11.9%

2022 年，河北省两化融合发展水平实现持续稳定增长，达到了57.2，位居全国第 12，位居全国第二梯队前列。相较上年，总体水平增长了 4.6%，比 2018 年增长 11.9%，具体如图 1、图 2 所示。"十四五"时期是河北省制造业爬坡过坎、提质增效，推动制造业向价值链中高端迈进的重要机遇期。河北省以培育新经济新动能、促进制造业迈向中高端为目标，大力推动两化深度融合，通过夯实基础设施、推动融合应用、培育重点项目、加速产业集聚等有效举措，促进两化融合水平稳步提升。

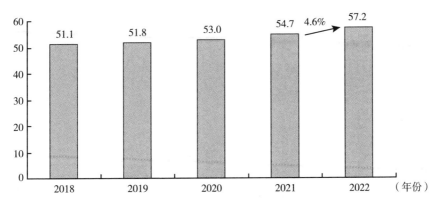

图 1　2018～2022 年河北省两化融合发展水平

2. 大型企业保持较高水平，中小企业后发优势明显，与大型企业差距进一步缩小

从不同规模企业两化融合发展水平来看，企业两化融合发展水平和企业规模呈正相关关系，大型企业仍保持较高的发展水平。2022

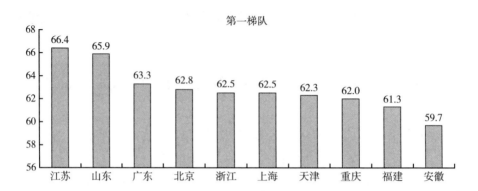

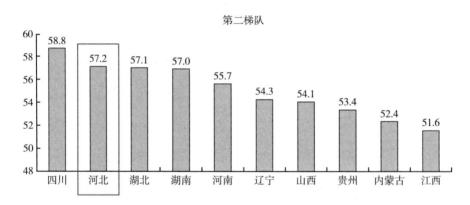

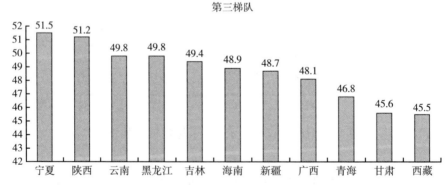

图2　2022年我国不同区域企业两化融合发展水平

资料来源：《中国两化融合发展数据地图（2022）》。

年，河北省大型企业两化融合发展水平达到 67.4，较上年增长 3.1%。中型企业和小微型企业两化融合水平仍保持较高增速，分别达到 64.8、49.4，较上年增长 5.9%、4.2%，增速明显高于全省大型企业，具体如图 3 所示。随着政策支持持续发力、企业创新发展步伐不断加快，中小企业两化融合发展水平显著提升，与大型企业的差距逐渐缩小。大型与小微型企业之间的两化融合发展水平差距由 2018 年的 74.9% 减小到 2022 年的 31.2%，累计收窄 43.7 个百分点。大型企业与中型企业的两化融合发展水平差距也保持缩小态势。

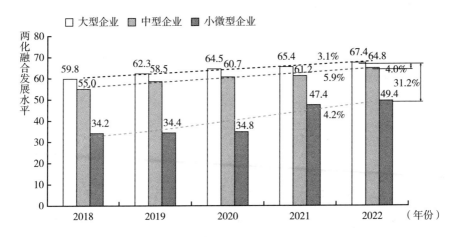

图 3   2018~2022 年河北省不同规模企业两化融合发展水平

3. 国有企业维持行业主导地位，民营企业迸发创新活力

2022 年，国有企业持续保持向好态势，两化融合基础夯实，在数字化发展中维持行业主导地位，其两化融合发展水平达到 60.2，较上年增长 2.4%，高出全省平均水平 5.2%。民营企业发挥自主创新能力，依托"万企上云""县域经济高质量发展"等全省战略规划政策优势，两化融合水平从 52.9 提升至 53.8，增长 1.7%。外资企业两化融合水平达到 59.7，较上年增长 2.0%，高出全省平均水平 4.4%，数字化转型升级步伐不断加快，具体如图 4 所示。

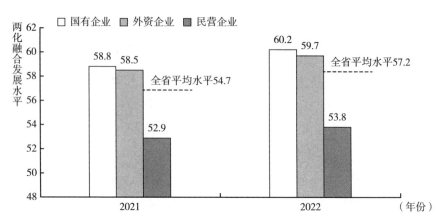

图4 2021~2022年河北省不同性质企业两化融合发展水平

（二）数智化基础不断夯实，关键业务环节发展水平进一步提升

1. 超七成企业实现数字化研发，生产制造环节数控化程度远高于全国平均水平

2022年，河北省关键业务环节全面数字化的企业比例①达到37.3%，超过1/3的企业在研发设计、生产、采购、销售、财务、人力、办公等关键经营环节实现了数字技术融合应用。在研发设计环节，超七成企业应用数字化工具开展产品建模、仿真及验证，数字化研发设计工具普及率②达72.2%，与2021年相比提升了4.1个百分

---

① 关键业务环节全面数字化的企业比例是实现了数字技术与企业生产经营各个重点业务环节全面融合应用的企业比例。目前所统计的关键业务环节包括企业研发设计、生产、采购、销售、财务、人力、办公等。

② 数字化研发设计工具普及率是指应用数字化研发工具的工业企业数量占全部样本工业企业数量的比例。目前所统计的数字化研发设计工具是指辅助企业开展产品设计，实现数字化建模、仿真、验证等功能的软件工具。对于离散行业企业是指应用了二维或三维CAD，对于流程行业是指应用了产品配方信息化建模工具。

点。在生产制造环节，2022 年河北省生产设备数字化率^①与数字化生产设备联网率^②分别为 51.7% 及 46.3%，分别较 2021 年提升 3.0 个和 2.7 个百分点，生产设备的数字化改造与提升也带动着河北省企业数控化进程加快，全市关键工序数控化率^③为 61.5%，位于全国前五，领跑多个地区。在工业软件应用方面，ERP（Enterprise Resource Planning，企业资源计划）普及率为 67.2%，MES（Manufacturing Execution System，制造执行系统）普及率为 25.5%，PLM（Product Lifecycle Management，产品生命周期管理）普及率为 18.4%，接近全国平均水平，均较上年增长超过 2 个百分点。云平台是企业实现内部集成与外部协同的重要环境与技术支撑，2022 年河北省工业云平台应用率为 45.1%，接近一半的企业基于云平台的功能部署相关业务，为深入应用云服务类型、全面部署与集成业务环节与流程提供了宝贵的经验借鉴，具体如表 1 所示。

表 1   2022 年河北省两化融合发展关键指标

单位：%

重点环节	关键指标	指标水平
研发设计	数字化研发设计工具普及率	72.2

---

① 生产设备数字化率是指工业企业数字化生产设备数量占样本企业生产设备总数量的比例均值，目前所统计的数字化生产设备，对于流程行业包括单体设备中具备自动信息采集功能的设备；对于离散行业包括数控机床、数控加工中心、工业机器人、带数据接口的机电一体化设备等。

② 数字化生产设备联网率是指已联网的数字化生产设备数量占全部数字化生产设备数量的比例。目前所统计的已联网的数字化生产设备包括能与控制系统进行数据交换的数字化生产设备。

③ 关键工序数控化率是指样本工业企业关键工序数控化率均值。流程行业关键工序数控化率是指关键工序中过程控制系统（如 PLC、DCS、PCS 等）的覆盖率；离散行业关键工序数控化率是指关键工序中数控系统（如 NC、DNC、CNC、FMC 等）的覆盖率。

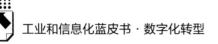

续表

重点环节	关键指标	指标水平
生产制造	关键工序数控化率	61.5
	生产设备数字化率	51.7
	数字化生产设备联网率	46.3
经营管理	经营管理数字化普及率	72.4
电子商务	工业电子商务普及率	59.5
工业软件	ERP 普及率	67.2
	PLM 普及率	18.4
	MES 普及率	25.5
上云用云	工业云平台普及率	45.1

2. 新模式新业态蓬勃发展，1/3 以上的企业能够实现网络化协同

数字化管理方面，河北省实现关键业务环节全面数字化的企业比例为 37.3%，较 2018 年增长 6.2 个百分点，与全国平均增幅相近。全省超过七成的企业通过应用经营管理类软件打通采购、销售、财务、人力、办公等具体环节，通过企业内部数据资源的集成共享，最大限度地减少经营管理过程的不对称信息，但同时将生产制造、研发设计进行协同管理的企业比例相对不高，未来数字化生产和研发仍是企业发展的重点方向。

网络化协同方面，河北省实现网络化协同的企业比例为 33.8%，较 2021 年提升 3.5 个百分点，增幅超出全国平均水平 1 倍。企业通过网络化协同消除地域边界和行业边界来降低企业交互成本，"去中介"和"去边界"可以有效精简产业链、提升经济运行效率。传统行业经过分工细化，产业链逐渐变长，交易成本不断上升，各个环节的效率参差不齐，而企业基于互联网的分布式协同环境支持，通过众包设计、协同制造等方式重构产业链生态，产业生态由环环相扣的链形转变为松耦合的网状结构，产业链更加精简和灵活，并能提供弹性服务。

服务型制造方面，河北省开展服务型制造的企业比例为 22.1%，较 2021 年提升 2.0 个百分点。服务型制造是制造业与服务业融合发展的产物，企业通过先进信息技术在管理实践中的应用，创新组织形式、运营方式和商业模式，不断增加服务要素在投入和产出中的比重，推动企业从简单加工向"制造+服务"转型，延伸企业价值链，有效提高企业全要素生产率、增加产品附加值，推动制造业由大变强。

个性化定制方面，河北省实现个性化定制的企业比例为 9.1%，与 2021 年相比有所提升，基本持平于全国平均水平。个性化定制基于用户需求出发，通过客户参与设计与柔性制造，极大提升消费者的参与度和满意度，是制造业实现高质量发展的重要途径。个性化定制成为企业转型升级和创新发展的重要方向，企业利用互联网采集并对接用户个性化需求，开展个性化产品的研发、生产等，创新商业模式，促进供需精准匹配，有效解决制造业长期存在的库存和产能问题，实现产销动态平衡。

智能化分析方面，河北省实现生产经营智能化分析的企业比例为6.0%，基本与全国平均水平持平，生产经营智能化分析能力有待提升。企业聚焦于将数字技术等新兴技术应用于产品布局上，通过与信息技术企业合作，并结合供应链下游客户的智能化需求分析，进行产品智能研发、生产经营智能管控，加强产品管控效力，提升产品生产灵敏度，从而提高企业的生产经营水平。

（三）重点行业加快新一代信息技术应用，数字化发展水平进一步提升

2022 年河北省冶金、装备、石化、建材、医药、食品、纺织、轻工和电子信息行业两化融合发展水平进一步提升，其中冶金行业维持全省行业第一位，水平达到 64.5，高于全省平均水平（57.2）12.8%，其次为电子信息、石化行业，分别为 62.6、59.2，均高于全省平均水平，具体如图 5 所示。冶金、石化作为原材料行业，其生产

多为流程型，基于生产工艺和作业环境的精细要求，基本实现设备自动化、生产智能化、管理数字化，其两化融合发展水平相对较高。

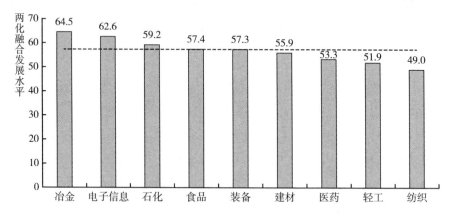

图 5　2022 年河北省不同行业两化融合发展水平

1. 冶金行业：聚焦管理、生产、安全等环节，着力提高自动化生产和安全管控水平

2022 年，河北省冶金行业已初步具备自动化和信息化融合基础，如工序装备实现了全方位自动化控制，研发设计工具基本实现数字化应用。2022 年，冶金行业关键工序数控化率为 81.3%，高于全省平均水平 19.8 个百分点，位居全省重点行业第一，大型钢铁企业基本实现生产、管理等流程的工序衔接和数据贯通，有效支撑了大批量、标准化和成本可控的生产运营。提升数字化管控水平，增强智能生产与决策能力，强化质量、能耗、环保精细化管控是当前冶金行业解决企业间关键领域衔接薄弱、产业链上下游不顺畅等问题的关键。

2. 装备行业：推动企业向柔性化生产和智能化制造方向发展

2022 年，河北省装备行业广泛应用生产自动化、设计数字化软件，如计算机辅助技术（CAX）、工艺流程规划（CAPP）、CAD/

CAM/CAE技术，研发设计与生产制造环节的数字化水平显著提升，数字化研发设计工具普及率为87.1%，高于全省平均水平14.9个百分点。装备企业利用工业软件，大力推进工业流程设计、产品研发设计，不断优化复杂工艺和产品性能，研发设计数字化水平不断提升，但智能制造水平相对不高，人工智能、大数据、云计算等信息技术的应用还有待加强，需聚焦设备数字化、生产柔性化、决策智能化等方向，强化数字化基础建设和智能化创新应用。

3. 石化行业：建设智能化管控体系，提升企业互联网化集成和创新应用水平

目前，石化行业终端设备数字化覆盖水平居于全省制造业前列，2022年，石化行业关键工序数控化率达到81.3%，高于原材料行业平均水平5.8个百分点，高于全省整体水平19.8个百分点。石化行业因其连续化或间歇式的生产特征，石化工艺和产品相对固定，工厂装置的自动化控制在基建初期便已固化，其工艺流程优化、产品创新研发难度相对较大，制约了石化行业研发设计数字化发展。

4. 建材行业：在数据驱动下强化绿色安全发展，推动节能低碳环保

建材行业应用新一代信息技术，不断提高生产精度与效率，加快生产自动化、管理精细化、监控智能化发展，如应用新型干法水泥生产线、玻璃生产线的自动化控制系统，实现对生产过程的实时管控和在线监测。目前，建材行业与新一代信息技术在装备、工艺、生产等多方面实现深度融合，智能装备及系统的研发及示范应用广泛。智能感知、人工智能、知识挖掘、在线仿真、工艺分析等技术在建材行业生产过程中的研究与应用示范，是推进建材行业实现智能绿色低碳化生产、精细化管控、智能化分析的关键。

5. 医药行业：以药品安全为关注焦点，提升产品研发创新能力和质量追溯能力

医药行业作为消费品行业，具有行业集中度低、终端市场需求

个性强、产品交付响应要求高等特点，这要求行业企业加快实现对关键环节的数字化改造。河北省医药企业积极围绕产品和服务等关键环节，强化柔性化生产、高效性响应、精准化营销等能力，实现研发生产、采购销售、库存管理、物流配送等环节之间的集成互联，加快产业链供应链精细化管控，以及物流、信息流、资金流的统一管理。

6. 食品行业：基于供需链和产业链进一步强化精细化管控，提高质量保障能力

河北省地方特色食品产业集群建设步伐较快，食品行业产业链供应链保持稳定畅通。2022年，食品行业实现产业链协同的企业比例为17.2%，明显高于消费品行业平均水平（10.6%）、全省整体水平（9.3%），产业延链补链强链成效明显。基于供需链和产业链进一步强化精细化管控、提高质量保障能力成为当前食品行业企业转型关键，加快实现产品原辅料供应环节、生产环节、流通环节、销售环节、服务环节的精细化管控，建立产品全价值链的溯源信息，对产品生产、运输、销售过程进行监管，实现产品全生命周期的一体化、精细化质量管控。

7. 纺织行业：依托智能制造和工业互联网打造智能工厂，提升个性化定制能力

河北省纺织行业企业在发展理念、组织方式、业务模式、经营手段等方面不断优化和改进，实现个性化定制的企业比例达到10.2%，在加快推进平台化营销和精准化服务方面还有较大提升空间。纺织企业通过平台获取用户的需求信息，制定适合的营销策略，加大对营销渠道、营销活动、营销费用、营销效果等的数字化管控力度；对目标用户群体和用户价值进行细分管理，开展针对不同用户群体的精准营销，不断完善营销渠道和营销策略，加快推进个性化定制新模式新业态的创新发展，提升企业自身市场核心竞争力。

8. 轻工行业：构建并完善基于用户需求精准定义的新供给体系

轻工企业间的信息交互共享和业务协同运作，能够有效提升轻工企业精细化管理程度和资源配置效率，使原材料企业、生产制造企业、电商、物流、用户等多方主体实现共生共赢。2022年，轻工行业工业云平台应用率为43.1%，较上一年增长2.7个百分点，接近全省整体水平（45.1%）、消费品行业平均水平（43.9%），轻工企业与产业链上下游企业的生产计划、物料、订货业务、仓储物流、加工配送、财务结算等业务的协同水平较高，实现产业链协同的企业比例达到7.8%，较上年增长了0.9个百分点，企业间协同运作能力进一步提升。紧扣消费者需求，从用户的各种应用场景出发，向终端用户提供基于轻工产品的个性化和人性化的服务成为轻工行业突破传统产业发展的关键点。

9. 电子信息行业：围绕"固本强基"，逐步提升电子信息行业研产销服综合管理能力

2022年，河北省电子信息数字化基础较为夯实，关键工序数控化率达67.7%，较上一年增长3.4个百分点，高于全省整体水平6.2个百分点，生产设备与生产线的数字化改造不断提高电子制造的精细度，从而达到高效、高精加工的品质要求。此外，河北省电子信息行业加快向"重研发，从低价值环节向高价值环节跃升"阶段迈进。提升大数据采集与分析能力、新型产品的快速研发与生产能力、产品全生命周期跟踪服务能力成为当前电子信息企业进一步实现高质量发展的着力点。

三　经验总结

河北省深入实施工业互联网创新发展战略，加快推进两化深度融合，转型升级成效初显，质量效益明显提高。与此同时，全省也

面临资源环境约束压力加大，区域产业链条不健全、发展不平衡，知识价值及产业技术创新速度慢等风险。由此，河北省应立足现有优势，不断加强企业生产、经营环节的数字化应用，发挥专精特新企业、百强企业的带动示范作用，充分利用产业集群资源汇聚优势，积极拓展产业新模式新业态，加快推进全省制造业高质量发展。

（一）加快构建工业互联网网络、平台、安全三大体系

一是支持工业互联网网络建设。鼓励工业企业内外部网络改造升级，支持企业科学部署和应用5G、WiFi、千兆光纤网络，鼓励有条件的企业开展基于IPv6的网络升级；支持企业外网建设，构建连接多个厂区、产业链伙伴的网络。二是支持工业互联网平台建设。建设企业级工业互联网平台，构建数据采集互联体系和数据中心，支撑企业生产运营优化、资源优化配置、产品全生命周期管理，推动工业经验知识模块化和工业机理模型构建、工业App开发等工作部署。三是支持工业互联网安全保障能力建设。支持工业控制系统信息安全防护能力建设，满足企业内网IP化、柔性化、扁平化部署需要；建设集中化企业信息安全综合防护平台，加强对工业企业IT资产、控制设备、重要数据、安全设备的统一管理，为企业提供统一灵活的认证、授权、审计等安全服务，加快促进企业建立数据安全保护体系，提升数据收集、存储、处理、转移、删除等全环节安全防护能力。

（二）着力推动工业互联网新模式新业态创新发展

鼓励企业搭建和利用基于互联网的个性化定制综合服务平台，发展需求聚合定制、众创定制、私人定制、线上线下交互定制等模式，通过工业互联网平台汇聚产学研用等各领域研发设计资源成果，提高

协同研发效率、产品设计水平和成本控制能力，大力推动企业对现有产品和装备进行智能化改造，加快建设智能工厂和数字车间，促进企业内外部、产业上下游等的数据贯通，实现全流程业务共享、业务协同、信息协同，进一步推进基于工业互联网的数字化管理、服务化延伸、个性化定制、网络化协同、智能化分析等新模式新业态创新发展。

（三）充分发挥产业集群要素资源汇聚优势

加强产业集群的基础设施数字化改造。加快通信网络、数据中心、能源管控中心等数字化基础设施的建设完善和共建共享，引导和支持集群内企业上平台用平台，鼓励支持产业集群内企业开展在线合作、协同攻关和集成创新，打造数据自由流动、资源动态配置、需求精准响应和分工精细协作的先进制造集群，实现产业集群资源在线化、运作协同化。推动产业集群公共服务平台建设。依托平台提供技术咨询、金融、质量管理、检验检测、知识产权、市场开拓等配套服务，培育跨区域、自组织的在线制造服务集群，支撑产业集群转型升级，促进资源要素汇聚，增强载体功能，放大资源优势。

（四）强化政策引导和示范引领保障作用

健全政府、行业组织、企业、联盟和第三方服务机构的两化融合联合推进机制，强化各区域、各部门协同合作，加强两化融合重大政策和重大工程等方面的跨部门协调配合，引导各地区结合实际合理布局、有序推进重点行业、重点领域、重大应用示范和产业化项目，减少低水平重复建设和投资，促进差异化发展；统筹实施工业互联网、工业软件、工业大数据、信息产业等相关专项规划，加强多元主体协同合作，明确职责分工，合理配置资源，做好各类规划政策的充分衔接。加大对数字"新基建"、工业互联网平台建设推广、两化融合共性技术研发及产业化等的支持，保障重点行业企业走好稳定、发展、创新"三步棋"之路。

四 结束语

两化融合是新型工业化的典型特征和重要任务，是新时期推进制造业数字化、网络化、智能化发展的必由之路，是建设制造强国、网络强国和数字中国的扣合点。实施数字化转型，是未来一段时间内的重点工作，这是时代的要求，也是企业发展的必然选择。我们要坚决贯彻决策部署，注重基础创新，突出重点优势，强化多方合作，奋力谱写制造强国、网络强国和数字中国建设新篇章。

参考文献

付宇涵、马冬妍、董豪、柴雯：《信息化促进制造业高质量发展现状及主要问题》，《中国科技信息》2020年第10期。

付宇涵、马冬妍、唐旖浓等：《工业互联网平台赋能流程制造行业转型升级场景分析》，《科技导报》2022年第10期。

付宇涵、马冬妍、崔佳星：《工业互联网平台推动下中国制造业企业两化融合发展模式探究》，《科技导报》2020年第8期。

国家工业信息安全发展研究中心：《中国两化融合发展数据地图（2022）》，2022。

付振波：《全面推进传统产业两化深度融合 加快构建现代化产业体系》，《新型工业化》2023年第Z1期。

刘翠娥：《河北省县域产业集群的形成与发展研究》，天津大学博士学位论文，2007。

王妍：《河北省县域特色产业集群创新模式研究》，河北科技大学硕士学位论文，2013。

B.12
内蒙古自治区工业企业数字化转型
发展模式研究*

王　丹　付宇涵　张　磊　巴旭成　王　琦**

摘　要： 当前，全球经济正在加速向以数字经济为主要内容的经济活动转型，国内外数字经济正处于快速演进期和深化发展期。加快谋划和布局数字经济，发展数字经济核心产业，促进三次产业数字化融合，对于内蒙古自治区实施创新驱动战略、培育数字发展优势、建立现代产业体系、实现重点产业数字化转型具有重要的战略意义，对于建设祖国北疆亮丽风景线、书写数字时代内蒙古新篇章具有重要的现实意义。本文系统梳理总结了内蒙古自治区当前重点举措和数字化转型发展现状，形成内蒙古自治区以两化深度融合为引领的数字化转型发展模式与路径；提出了发展建议，为进一步推进自治区工业企业数字化转型提供重要的数据与理论支撑。

---

* 如无特殊标注，本文数据来源于两化融合公共服务平台（www.cspiii.com）。

** 王丹，国家工业信息安全发展研究中心信息化所工程师，从事两化融合、数字化转型等相关领域研究；付宇涵，国家工业信息安全发展研究中心信息化所产业研究部主任，高级工程师，从事两化融合、工业互联网、数字化转型等相关领域研究；张磊，国家工业信息安全发展研究中心信息化所工程师，从事两化融合、数字化转型、先进制造业相关领域研究；巴旭成，国家工业信息安全发展研究中心信息化所工程师，从事两化融合、数字化转型相关领域研究；王琦，国家工业信息安全发展研究中心信息化所工程师，从事两化融合、数字化转型相关领域研究。

关键词： 工业企业　数字化　转型升级　内蒙古自治区

一　2022年内蒙古自治区推动工业企业数字化转型发展的重点举措

内蒙古自治区坚持育产业、换动能，精心谋划产业集群和重点产业链转型发展，构建以新一代信息技术与制造业深度融合发展为主线、以智能制造为主攻方向的转型发展格局，通过试点示范引领工业领域数字化转型升级，加快推进区域制造业高端化、智能化、绿色化发展①。

（一）加速传统产业提质升级

2022年，内蒙古自治区出台了《促进制造业高端化、智能化、绿色化发展的意见》及配套政策措施，工业结构调整取得积极成效。2022年全区制造业投资增长42.6%，规模以上制造业增加值增长10.9%，制造业增加值占GDP比重达17.5%，比上年提高2个百分点。目前，全区多地积极发展一批潜力大、市场前景好的智慧产业、新兴产业，同时，推动传统产业数字化、智能化转型，加快建立循环型工业体系，以高质量建设持续推进"两个基地"向高端化、智能化、绿色化迈进。内蒙古自治区通过实施"能效领跑者"专项行动，推动重点用能行业绿色化改造，原煤、火力供电、水泥、硅铁、烧碱等单位产品能耗优于国家能耗限额标准先进

---

① 李辉、梁丹丹：《企业数字化转型的机制、路径与对策》，《贵州社会科学》2020年第10期。

值，加快全行业转型升级①。内蒙古大力推进能源和战略资源基地优化升级，2022年新增新能源并网规模2000万千瓦以上，可再生能源装机比重提高到40%以上，积极筹建新能源装备制造产业发展基金，协同联动深化能源改革。

（二）助力企业云化发展

内蒙古自治区积极引导"企业上云上平台"，在《内蒙古自治区2022年促进制造业高端化、智能化、绿色化发展政策清单》中，支持企业"上云用数赋智"，对设备上云上平台的企业、优秀云服务商、登云标杆企业等都给予资金支持。2022年，内蒙古自治区继续实施"万企登云"行动，登云企业已超万家。内蒙古自治区已经形成平台赋能、行业龙头引领带动、中小企业协同配套的产业生态圈，通过大力推进企业上云上平台专项行动，建立集云服务商、本地授权商、云应用商于一体的"企业上云"云资源池，为上万家企业提供高效安全的云服务，极大地降低了企业信息化建设成本和门槛②。2022年，内蒙古持续实施创新型企业"双倍增双提升"行动，新增高新技术企业300家、科技型中小企业760家。当地政府通过开展中小企业数字化服务节活动、培育一批"专精特新"中小企业和细分领域的"小巨人"企业，为企业提供有针对性、实用性、普惠性的数字化服务，并在产品、技术、业态和经营模式上引领行业发展。

（三）培育建设区域创新高地

2022年，自治区成功推动了巴彦淖尔农业高新技术产业示范区、

---

① 郭启光、崔连伟：《内蒙古传统优势产业数字化转型的成效、挑战与应对方略》，《内蒙古社会科学》2022年第3期。
② 张艳：《内蒙古加快发展数字经济的路径与对策》，《北方经济》2021年第12期。

鄂尔多斯市国家可持续发展议程创新示范区以及国家乳业技术创新中心 3 个国家级重大创新平台获批落地，支持 2 家企业实验室纳入全国重点实验室序列。通过实施高新区提质进位、促优培育行动，呼包鄂三家国家高新区在全国的位次得到显著提升，为加快创建呼包鄂国家自主创新示范区奠定了坚实基础。同时，内蒙古正在按照国家标准打造稀土新材料技术创新中心、草种业技术创新中心，超前布局谋划能源领域高能级创新平台。2022 年，自治区投入科技专项资金达 15 亿元，以"揭榜挂帅""赛马制"等新型科研任务组织形式，在"种业""双碳"领域部署实施了 20 余项科技创新重大示范工程，助推产业高质量发展。

（四）推动数字化评估诊断

2022 年，内蒙古自治区工业和信息化厅联合国家工业信息安全发展研究中心，积极推进全区工业企业数字化评估诊断工作。面向全区规上工业企业、"专精特新"中小企业、国家级"小巨人"企业开展数字化评估诊断工作。通过持续优化数字化评估诊断工作流程，积极推进两化融合内蒙古分平台功能优化，面向各盟市及重点工业企业开展数字化评估诊断工作系列宣贯培训活动，认真落实数字化诊断工作各项要求[①]。自治区工业企业数字化评估诊断工作围绕 4 个评价方向、11 个细分领域，以 24 项关键指标为切入点，量化评价工业企业在研发设计、生产制造、设备管理、集成互联等方面的数字化发展水平。通过测算数字化发展重点指标，全面摸清企业数字化转型发展现状及痛点、堵点等问题，助力企业数字化、网络化、智能化水平全面提升。

---

① 何帆、刘红霞：《数字经济视角下实体企业数字化变革的业绩提升效应评估》，《改革》2019 年第 4 期。

二 内蒙古自治区工业企业数字化转型发展现状

2022 年，内蒙古自治区立足"两个屏障"、"两个基地"和"一个桥头堡"战略定位，不断促进工业转型升级，推动工业化与信息化深度融合。自治区坚持把数字经济作为全区高质量发展的关键引擎，着力构建数字化生态，助力企业提质增效、产业蓬勃发展①。

（一）内蒙古自治区工业企业两化融合发展水平

从全国范围发展情况来看，2022 年内蒙古自治区两化融合发展水平为 52.4，位列第二梯队。2022 年，内蒙古自治区两化融合发展水平稳中有进，与四川、河北、湖北、湖南等省（区、市）居于全国第二梯队。近年来，内蒙古自治区两化融合发展水平稳步增长，企业数字化转型基础不断夯实，基础设施体系不断完善，转型发展步伐加快，模式业态持续创新，为全区制造业高质量发展不断注入新动能。

2022 年内蒙古自治区两化融合发展水平较 2018 年增长 9.2%，较 2021 年增长 2.7%，发展水平实现稳步增长（见图 1）。近年来，内蒙古自治区抢抓新产业、新业态、新模式发展机遇，牢牢把握网络化、数字化、智能化发展方向，加快推进企业数字化改造，促进传统产业转型升级，纵深推动工业数字化转型发展，全区两化融合发展水平连续 5 年保持稳定增长，平均增长率为 2% 左右。② 自治区坚持调整存量、做优增量、做大总量并举，加快培育新产业、新动能，大幅提升工业节能降耗水平，助力内蒙古自治区两化融合发展水平持续向中高端迈进。

---

① 付宇涵、董豪、马冬妍：《工业互联网：融合发展突破口》，《企业管理》2019 年第 12 期。

② 数据来源于《内蒙古自治区两化融合发展数据地图（2022）》。

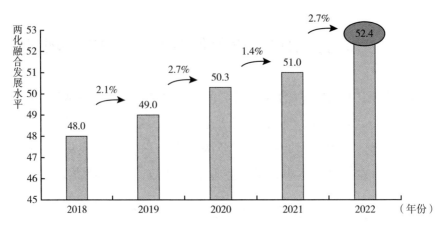

图1 2018~2022年内蒙古自治区两化融合发展水平

（二）内蒙古自治区工业企业数字化、网络化、智能化发展水平

1. 数字化

近年来，内蒙古自治区制造业数字化基础设施和条件不断完备：硬件数字化方面，关键工序数控化率和生产设备数字化率逐年增长；软件数字化方面，工业软件普及率不断提升；企业在生产制造、研发设计、工业软件应用、经营管理等关键环节数字化应用不断渗透，企业开展业务集成运作的数字化基础条件持续完善。2022年，内蒙古自治区企业关键工序数控化率达到59.7%，较上年增长了3.3个百分点，较2018年提高了8.5个百分点（见图2），企业积极推进生产设备与生产线数字化改造，加强内外网络建设，应用数控系统，开展数字化生产制造活动。①

2. 网络化

内蒙古自治区企业持续推进网络化建设发展，在设备联网、平台

---

① 数据来源于《内蒙古自治区两化融合发展数据地图（2022）》。

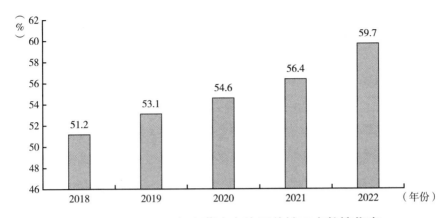

图 2 2018～2022 年内蒙古自治区关键工序数控化率

应用、网络协同等环节开展互联互通基础上的资源优化配置和统一管理；在企业跨越边界实现企业间的网络化发展阶段，企业在内部集成互联的基础上在利益相关方之间实现业务协同和模式创新，在我国西部地区率先开创消除壁垒的现代制造新局面①。2022 年，内蒙古自治区实现管控集成的企业比例为 15.6%，相较于 2018 年提高了 13.0%，近 5 年年均增长 3% 左右（见图 3）。生产管控集成水平的提升，有助于企业打通生产管理层与底层设备层之间的信息双向传输通道，形成生产管控闭环，持续提升对生产资源的管控与配置能力，进一步提升生产资源利用效率。然而，目前自治区制造企业生产管控集成水平不足，可能制约网络化发展。

3. 智能化

内蒙古自治区企业实现内部集成互联和外部协同创新的同时，持续深化人工智能技术与数字孪生、机器人等先进制造技术的融合，持续提升研发、制造乃至供应链等的深度学习、决策控制能力，重构产业生态体系，建设智慧园区、智慧矿山、智能工厂，促进产业的数字

① 王喜文：《5G+工业互联网 助力企业数字化转型》，《企业管理》2020 年第 6 期。

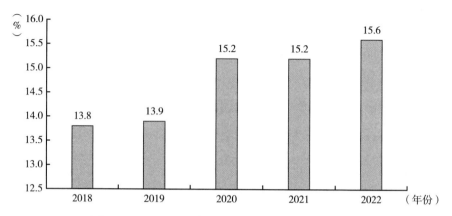

图3 2018~2022年实现管控集成的企业比例

化转型与智能化升级。2022年，内蒙古自治区智能制造就绪率为8.7%，较2021年提高了1.5个百分点，比2018年提高了4.8个百分点（见图4）。这些企业底层装备数控化程度高，管理信息化与底层自动化之间以及内部供应链上采购、生产、销售、库存、财务等环节实现了集成，部分企业已初步具备智能制造基础条件，开始向智能工厂、智慧企业迈进。目前，自治区大多数制造业企业仍处于基础自动化阶段，智能化水平尚不足，信息化与工业化的融合程度仍有较大提升空间。

（三）内蒙古自治区工业企业新模式新业态发展水平

网络化协同是企业基于互联网手段共享供应链上下游企业和合作伙伴的各类信息资源，包括客户、订单、设计、生产、经营等数据信息，加快制造资源泛在连接、在线汇聚和精准对接，推动生产方式由线性链式向协同并行转变，持续提升生产效率。2022年，内蒙古自治区实现网络化协同的企业比例为29.9%，较2018年提高了6.9个百分点（见图5），众包设计研发、网络化制造、公共云制造平台等新业态新载体不断涌现。自治区企业依

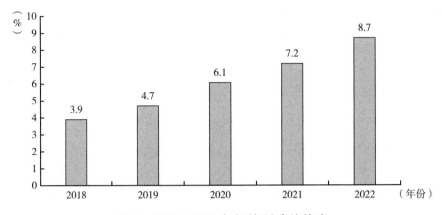

图 4　2018～2022 年智能制造就绪率

托平台开展网络化协同创新与生产，弹性化、柔性化服务能力得到有效提升。

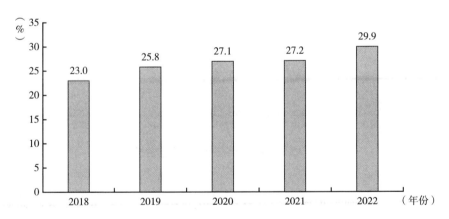

图 5　2018～2022 年实现网络化协同的企业比例

服务型制造是企业从原有制造业务向价值链两端高附加值环节延伸，从以加工组装为主向"制造+服务"转型，从单纯出售产品向出售"产品+服务"转变，围绕产品全生命周期的各个环节融入能够带来商业价值的增值服务的新型模式，具体包括远程在线服务、网络化精准营销、基于智能终端提供创新服务等①。2022 年，内蒙古实现服务型制造的企业比例为 11.7%，较上年增长了 39.3%，比 2018 年增长了 8.3 个百分点，上涨趋势明显（见图 6）。企业积极探索实践服务型制造新模式，加快向价值链两端的高附加值环节延伸②。很多制造企业的业务范围从单纯的生产加工向提供设备运营维护、支撑业务管理决策、满足客户多样化需求等服务环节延伸，增加产品附加价值，塑造企业综合优势。服务型制造在工程机械、电力设备、风机制造等行业快速发展，全生命周期管理、融资租赁等业务日益成为企业利润的重要来源。

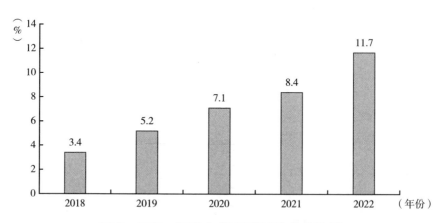

图 6　2018~2022 年服务型制造企业比例

个性化定制是企业利用互联网采集并对接用户个性化需求，推动企业研发、生产、服务和商业模式之间的数据贯通，以低成本、高效率和高质量的大批量生产实现产品个性化设计、生产、销售及服务的一种制造服务模式。2022 年，内蒙古自治区实现个性化定制的企业

---

① 郭敏、杨康：《关于推动内蒙古区块链产业创新发展的几点思考》，《内蒙古科技与经济》2022 年第 24 期。
② 郭敏、杨康：《关于推动内蒙古区块链产业创新发展的几点思考》，《内蒙古科技与经济》2022 年第 24 期。

比例是6.3%，较2018年增长了2.9个百分点①（见图7）。企业通过用户深度参与实现个性化定制生产，大批量、个性化定制方式逐步应用推广，同时有效促进供给与需求精准匹配，有利于解决长期存在的库存积压和产能过剩问题，实现产销动态平衡。当前，自治区企业个性化定制尚处于起步阶段，亟须将个性化定制新模式向区内全行业、生产全链条拓展。

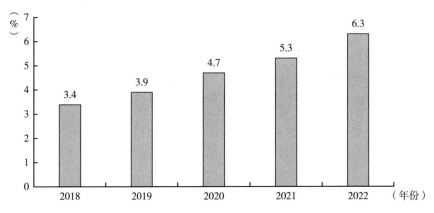

图7　2018~2022年实现个性化定制的企业比例

三　内蒙古自治区工业企业 数字化转型升级模式与路径

（一）夯实转型基础，推进融合发展

1. 自治区持续深入推进企业上云，以工业互联网平台为核心突破口打造良性云生态

积极统筹推进自治区企业上云用云，云平台的广泛应用将大幅降

———————

① 数据来源于《内蒙古自治区两化融合发展数据地图（2022）》。

低企业的信息化成本，助力企业快速获取数字化能力。积极推动企业业务系统上云，鼓励龙头企业面向行业开放共享业务系统，带动产业链上下游企业开展协同设计和协同供应链管理，通过多种方式加大企业上云支持力度，降低中小企业平台应用门槛，同时在企业上云工作的基础上，进一步积极打造工业互联网平台，通过工业互联网平台打造由利益相关者组成的云生态价值网络，一方面，不断提升平台赋能能力，促进平台各参与方能力的快速共享、提升和变现；另一方面，不断提升价值共创能力，实现平台从以产品和服务交易为核心向以能力交易为核心转变①。

2.突破关键技术和软件产品，开展系统性解决方案的研制、应用、推广工作

集中突破关键技术和软件产品，重点支持各类软件、新型工业App、信息系统及大数据管理系统的研发与应用，从基础层面根本性提升企业融合水平。从"硬件（自动控制与感知装备）、软件（软件系统）、网络（工业互联网）、平台（云平台）"四方面，进一步夯实企业数字化转型所需的设备设施基础，强化工业企业网络化、数字化、智能化基础技术和产业支撑能力，强化软件支撑和定义企业的基础性作用。同时，开展产品级、行业级解决方案的研制、应用与推广，一是面向不同生产类型企业，聚焦不同环节研制形成一批产品级融合解决方案；二是总结行业关键共性问题，研制形成一系列行业级系统解决方案；三是开展产品级、行业级解决方案的测试验证和应用推广。

（二）因地制宜、分类施策推进融合发展

1.着力提升各盟市融合发展水平

结合数字化转型评估诊断结果，强化因地制宜、分业施策，着力

---

① 郭启光：《内蒙古产业数字化转型的对策研究》，《实践》（思想理论版）2021年第12期。

提升各区域融合发展水平，实现融合发展的全面覆盖。对融合水平较高的呼和浩特、包头等地，要重点突出协同化、智能化：突出目标导向，积极组织开展智能制造、互联网技术与企业应用融合创新试点，统筹资源合力，打造一批高水平的融合典型示范项目，在全区、全行业复制推广；系统推进区域内企业与企业之间、相关产业之间的协同发展，主动探索大数据驱动下的产业融合新模式。对于其他盟市，要重点提升数字化水平，突破综合集成：突出问题导向，依据各行业具体需要提升数字化水平、实现综合集成的关键环节，安排专项资金给予重点支持，集中力量突破几个共性关键点；进一步优化工业互联网平台建设，提升融合支撑能力。同时要进一步夯基础、补短板：加强公共信息基础设施建设，为中小企业和产业链集成搭建服务平台，切实强化宣传培训，采取项目扶持、资金奖励等政策措施，鼓励企业加大信息化投入力度，提升企业融合主动意识和主体地位[1]。

2. 着力提升处于数字化转型不同阶段企业融合水平，推动企业向高阶迈进

对于数字化转型基础相对薄弱的企业，要提升企业对融合工作的认识水平，加大信息化投入力度。建议从政府组织层面加大数字化转型发展的宣传和沟通交流力度，通过举办论坛、展览会、研讨会等方式，进而推动其加快构建信息化基础设施、完善融合基础条件、梳理业务流程、汇集业务数据[2]。对于有一定转型基础的企业，要引导企业进一步提高数字化水平，将采集汇聚的数据同业务需求紧密结合起来，进一步拓展信息技术在各个业务环节的覆盖广度和应用深度，加强业务协同和模式创新，突出应用效果。

---

① 唐莉：《因地制宜　一点一策　精准提升网点竞争力》，《杭州金融研修学院学报》2022 年第 11 期。

② 王丹、王庆瑜、付宇涵：《新形势下中国两化融合发展的新方向》，《互联网天地》2021 年第 8 期。

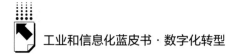

3. 推动大企业建立高效、可持续的管控体系，强化企业数据管理和应用意识

应鼓励自治区大型企业，利用信息化、大数据手段，实现企业业务流、信息流、资金流的全程、实时、智能和立体化管控，不断增强企业管理创新能力，建立起高效、可持续的一体化管控体系，有效管控企业及其下属控股子公司，切实发挥融合整体效应。同时，应强化大型企业数据管理和应用意识，推动自治区大型企业实现关键数据的统一和集中管理，持续加强数据开发利用，深入挖掘数据资源这一核心要素的创新驱动潜能，推动企业形成以数据为核心的精准决策新模式，实现企业的创新发展和智能发展。推进自治区大型企业大数据相关标准体系建设，推进数据采集、数据共享、交换接口、数据质量和安全保密等方面关键共性标准的制定和实施，构建数据信息共享机制，明确各主体数据交互共享的范围边界和使用方式，形成数据资源共享共用格局。

（三）分业施策推进重点行业融合发展

1. 推动新能源、冶金、装备等行业向智能化生产、网络化协同、个性化定制、服务化延伸升级

在新能源、冶金、装备等领域，持续拓展数字化转型的广度和深度，推动企业向智能化生产、网络化协同、个性化定制、服务化延伸升级。加快发展智能制造，开展重点领域智能制造单元、智能生产线、数字车间、数字工厂建设，促进新技术、新设备在制造业的应用，推动企业全流程和全产业链智能化转型升级。加快构建网络化协同、个性化定制、服务型制造等新模式新业态，网络化协同方面，发展协同研发、供应链协同、众包设计、云制造等网络化协同制造模式，推动生产制造、运营管理、质量控制全面互联；个性化定制方面，鼓励企业运用大数据手段，充分整合市场信息和客户个性化需求，开展个性化定制服务；服务型制造方面，鼓励传统企业推进研发设计、信息咨询、电商销售、仓储物流等服务功能的商业化剥离，从产品制造型企业向制造服务型企业转变。同时，以工业互联网发展为重点，开展平台培育、企业登云用云等企业数字化工程，推广工业互联网平台及工业 App 应用，培育协同设计、协同供应链管理、产品全生命周期管理、供应链金融等平台应用新模式，依托工业互联网带动工业企业转型升级①。

2. 推动农畜产品加工等行业向生产管理精准化、质量追溯全程化、市场销售网络化升级

在农畜产品加工领域，积极推动农业生产管理精准化、质量追溯全程化、市场销售网络化发展。加快推进生产管理精准化，构建集大数据、云计算、互联网技术于一体的发展模式，推动实现生产管理的实时监控、精准管理、远程控制和智能决策；提升养殖企业应用大数据水平，逐步推广基于大数据的智能化养殖模式；逐步推动信息技术与农畜产品加工全面结合，建立完善的农畜产品管理信息系统，通过产量管理等科学决策，提高农畜产品质量。加快推进农畜产品质量追溯全程化，以农畜产品质量追溯为重点，继续推动农畜产品质量追溯体系建设，加快规模化物联网基地建设、推广产品质量追溯系统应用，实现农畜产品生产、加工、检测等环节质量信息可追溯查询。加快推进农畜产品市场销售网络化，构建农畜产品冷链物流、信息流、资金流的一体化网络运营体系②。加强农畜产品在线营销环节与用户的互动，综合质量追溯和获取到的用户评价反馈等信息，指导农业生产、销售和服务精准化转变，加强农畜产品交易、质量、需求、价格

---

① 郭敏、杨康：《内蒙古数字经济发展现状与对策研究》，《北方经济》2022 年第 8 期。

② 郭敏、杨康：《内蒙古数字经济发展现状与对策研究》，《北方经济》2022 年第 8 期。

变动分析与预测。

3. 推动重点行业向平台型、智慧型、共享型升级，拓展创新融合应用场景

推动重点行业向平台型、智慧型、共享型升级，广泛搭建大数据与重点行业融合新场景。加快发展平台型重点行业，融各领域综合管控系统、应急指挥调度系统、流量监控预警系统、视频监控系统、电商平台、客户终端等应用系统为一体，将数据资源整合转化为新型融合发展应用场景。加快重点行业智慧化发展，培育智慧物流、信息服务、智慧工业设计等智慧生产性重点行业，持续壮大智慧健康、智慧医疗、智慧养老等智慧生活性重点行业，尤其是要加快形成智慧高效、通达顺畅、绿色安全的现代物流服务体系，促进数据资源整合转化为新型融合发展模式。加快重点行业共享型发展，引导推进全区生产、创新、生活领域资源网络整合重组，推动共享经济产品体系创新、平台创新和协同式生活方式创新，成为新的重要增长点①。

四 发展对策建议

（一）遴选优秀示范标杆

遴选一批数字化转型示范企业。结合企业数字化诊断结果，组织开展"数字领航"等数字化转型示范企业遴选工作。重点围绕企业在数字化、网络化、智能化方面的表现，聚焦技术应用、平台建设、数据要素成果、模式创新等方面遴选一批领先性好、价值性高、创新

---

① 郭敏、杨康：《内蒙古数字经济发展现状与对策研究》，《北方经济》2022年第8期。

性强的示范企业①。

分领域遴选一批数字化转型优秀解决方案。面向重点行业，聚焦智能化制造、网络化协同、个性化定制、服务化延伸、数字化管理等新领域，遴选一批示范带动性强、可复制可推广的数字化转型优秀解决方案。推进标杆企业、优秀解决方案的宣传推广。依托遴选结果，编制形成并发布数字化解决方案目录与优秀案例集，围绕内蒙古自治区数字化转型典型经验和成果深化交流研讨，组织开展宣传展示、深度发布活动，促进经验分享、供需对接和应用推广，打造具有自治区特色的转型发展"内蒙古模式"。

（二）提升设备全生命周期管理能力

提升精益化管理能力。建设工厂大数据系统和互联网平台，围绕生产设备全生命周期，从设计研发、原材料采购、生产组织、产品销售到物流与售后服务方面实现精益化管理。提升自治区产业链之间信息共享与业务协同水平，推动个性化定制、远程运维和网络协同制造等新模式新业态发展，实现生产制造向服务型制造跨越式发展②。

发展基于存货控制的"共享型"供应链。整合生产、分销等各环节的库存管理，促进供应商与零售商之间的统仓共配。推动物流企业与商贸企业共同打造一体化供应链服务平台，提升自治区现代供应链发展水平，实现供需对接、集中采购、共同库存、支付结算、物流配送等功能集成，提高快速响应及资源共享能力。

（三）优化生产金融服务

充分利用现有资金渠道，发挥各类产融合作平台优势，引导金融

---

① 李辉、梁丹丹：《企业数字化转型的机制、路径与对策》，《贵州社会科学》2020 年第 10 期。

② 付宇涵：《我国制造业两化融合发展路径》，《企业管理》2020 年第 9 期。

机构为自治区农畜产品加工等特色产业发展提供助力。鼓励市场化运作各类基金加大对自治区特色产业领域技术创新和薄弱环节攻关的支持力度。促进信贷数据透明化。筹集设立工业发展资金池，撬动银行免抵押、免担保信贷发放，缓解企业在研发设计、生产加工、销售管理等环节流动资金短缺问题。鼓励企业和合作银行同受托管理机构建立银企直联系统，引导资金金融产品研发、尽职调查、贷中审核、贷后管理。

（四）打造共享型服务

探索服务型数据开放共享模式。分领域制定公共数据开放共享标准和目录清单，建设面向数字化、网络化、智能化基础设施的信息整合平台，建设有关行业数据资源库，建立公共数据共享开放体系，打造智慧共享服务模式。建设共享资源服务架构。打造立体式共享资源服务架构，通过接入各级平台共享服务资源，对盟市和重点产业集群内不同规模企业提供投融资、技术创新、人工服务、创业辅导、市场开拓、信息咨询、管理咨询、招聘培训、法律维权等生产经营过程中所需的全要素、全品类、全生命周期服务。

（五）提升数字安全发展水平

引导自治区企业认真落实《数据安全法》和有关行政法规要求，强化数据安全意识，履行数据安全保护义务。加强态势感知、测试评估、预警处置、灾难备份等安全能力建设，保障企业自身和用户各类数据安全，构筑涵盖网络安全、系统安全、业务安全等多方位数据安全保护屏障[1]。

---

[1] 周鸿祎：《探索数字安全中国方案 为高质量发展保驾护航》，《中国信息安全》2022年第11期。

推进网络基础体系、能源保障体系和数据中心建设，在算力调度、数据流通方式、深化数据应用方面持续创新。支持、协助企业做强大数据计算存储能力，加快吸引大数据、云计算应用项目在全区落户，加速构建集应用承载、数据存储、容灾备份等服务于一体的 IDC 生态集群。

参考文献

李辉、梁丹丹：《企业数字化转型的机制、路径与对策》，《贵州社会科学》2020 年第 10 期。

郭启光、崔连伟：《内蒙古传统优势产业数字化转型的成效、挑战与应对方略》，《内蒙古社会科学》2022 年第 3 期。

张艳：《内蒙古加快发展数字经济的路径与对策》，《北方经济》2021 年第 12 期。

何帆、刘红霞：《数字经济视角下实体企业数字化变革的业绩提升效应评估》，《改革》2019 年第 4 期。

付宇涵、董豪、马冬妍：《工业互联网：融合发展突破口》，《企业管理》2019 年第 12 期。

王喜文：《5G+工业互联网　助力企业数字化转型》，《企业管理》2020 年第 6 期。

郭敏、杨康：《关于推动内蒙古区块链产业创新发展的几点思考》，《内蒙古科技与经济》2022 年第 24 期。

郭启光：《内蒙古产业数字化转型的对策研究》，《实践（思想理论版）》2021 年第 12 期。

唐莉：《因地制宜　一点一策　精准提升网点竞争力》，《杭州金融研修学院学报》2022 年第 11 期。

王丹、王庆瑜、付宇涵：《新形势下中国两化融合发展的新方向》，《互联网天地》2021 年第 8 期。

郭敏、杨康：《内蒙古数字经济发展现状与对策研究》，《北方经济》

2022 年第 8 期。

付宇涵：《我国制造业两化融合发展路径》，《企业管理》2020 年第
9 期。

周鸿祎：《探索数字安全中国方案　为高质量发展保驾护航》，《中国信
息安全》2022 年第 11 期。

B.13
新疆生产建设兵团企业数字化转型发展研究[*]

王庆瑜 付宇涵 张 磊 巴旭成[**]

摘 要： 新疆生产建设兵团承担着国家赋予的屯垦戍边职责，经过长期发展，逐步打造起以金属冶炼和加工业、化学工业、农副食品加工及食品制造业、纺织服装业等为特色优势的工业产业体系，2022年实现生产总值3500.71亿元。新疆生产建设兵团坚持整体发展思路，立足各师市资源禀赋和产业基础，统筹推进产业数字化转型发展，布局提升整体竞争力，取得了积极的进展和成效，尤其是流程型企业的生产数字化水平有效提升，带动企业生产效率与产品质量大幅提高。本文梳理了新疆生产建设兵团推进数字化转型的顶层规划体系，总结了新疆生产建设兵团数字化转型总体水平，分析了新疆生产建设兵团企业数字化普及、网络化联结和智能化探索情况，聚焦重点行业和新模式新业态进行了细化研究，明确了新疆生产建设兵团数字化转型的现状、特征、成效和问题，并有针对性地提出了发展建议。

---

[*] 如无特殊标注，本文数据来源于两化融合公共服务平台（www.cspiii.com）。

[**] 王庆瑜，国家工业信息安全发展研究中心信息化所工程师，资深研究员，从事两化融合、数字化转型相关领域研究；付宇涵，国家工业信息安全发展研究中心信息化所产业研究部主任，高级工程师，从事两化融合、工业互联网、数字化转型相关领域研究；张磊，国家工业信息安全发展研究中心信息化所工程师，从事两化融合、数字化转型、智慧文旅相关领域研究；巴旭成，国家工业信息安全发展研究中心信息化所工程师，从事两化融合、数字化转型相关领域研究。

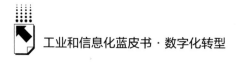

关键词： 数字化转型 新疆生产建设兵团 新模式 新业态

新一代信息技术创新应用，引领新一轮科技革命和产业变革，驱动全球经济不断向更高层次迈进。面对世界百年未有之大变局，推进制造业数字化转型成为我国制造强国、网络强国和数字中国建设的重要支撑。在此背景下，新疆生产建设兵团（以下简称"新疆兵团"）基于产业和区域发展特征，系统布局数字化转型工作方向和重点任务，积极推动企业加快数字技术融合应用，取得了一系列卓有成效的进展。

一 新疆兵团数字化转型工作推进情况

（一）持续完善顶层规划设计

党的十八大以来，新疆兵团出台了《关于加快推进兵团信息化与工业化融合的指导意见》《新疆生产建设兵团关于大力推进信息化和切实保障信息安全的实施意见》《新疆生产建设兵团信息化建设管理暂行办法》等一系列政策文件，着力提高信息产业支撑融合发展的能力，以信息技术促进生产性服务业发展，加快走新型工业化道路步伐，促进工业结构整体优化升级。"十三五"时期，新疆兵团持续贯彻落实国家政策，陆续出台了《兵团贯彻〈国务院关于积极推进"互联网+"行动的指导意见〉的实施意见》《新疆生产建设兵团两化融合示范（试点）企业认定管理暂行办法（试行）》《兵团推进5G网络建设发展实施意见》等文件，顺应全球新一轮科技变革的时代潮流，发挥互联网在稳增长、调结构、转方式和惠民生中的战略性、基础性和先导性作用，推动新疆兵团经济转型发展。进入"十四五"时期，新疆兵团印发了《新疆生产建设兵团国民经济和社会发展第十四个五年规划和二〇三五年远景目标纲要》《新疆生产建设兵团新型工业化发展"十四五"规划》等政策文件，提出要大力发展数字经济，大力推进新疆兵团数字产业化和产业数字化，加强关键数字技术在经济发展、产业转型升级中的创新应用，加快推动新型工业化发展，促进新疆兵团融合发展水平迈上新台阶。

（二）不断丰富转型工作成效

一是数字化基础设施建设不断夯实。新疆兵团持续加大信息化投资，不断加强数字化基础设施建设，部分企业逐步实现生产、经营、管理、决策、服务全过程的信息化，提高了经营管理效率和经济社会效益。2021 年，新疆兵团企业信息化投入占比达到 31%，较 2016 年提升 13 个百分点，企业愈发重视数字化转型发展，为实现数字化转型升级提供了更加充分的资源保障。二是数字化转型发展取得积极进展。新疆兵团通过实施制造业企业数字化、智能化升级工程，升级传统产业，壮大支柱产业，推动企业数字化、网络化、智能化建设，加快产业转型发展。截至 2022 年 11 月，新疆兵团开展两化融合评估诊断和对标引导工作的企业数量达到 477 家，占新疆兵团企业总数量的近五成。三是数字化新模式和经济新增长点持续涌现。新疆兵团工业园区涌现出数字化管理、网络化协同、服务化延伸等一批新模式，生产管理水平和市场服务能力均得到有效提升。

（三）精准定位未来发展方向

一是加快新型基础设施建设和创新应用。通过信息化升级和数字化改造，提高企业数字化设备和工业软件普及率，加强企业数字化基础支撑能力，赋能企业研发、生产、销售、服务全过程数字化转型，推动企业整体转型升级。二是深化重点产业数字化转型发展。立足新疆兵团的资源优势和市场条件，按照重点突破、创新引领的发展思路，重点推进资源密集型产业、劳动密集型产业、战略性新兴产业数字化转型发展。三是提升优势集群数字化水平。聚焦新疆兵团当前产业体系下的铝精深加工、现代化工、纺织服装、农产品加工、电子信息、新能源等特色优势产业集群，以龙头企业为引领，推动各集群内的企业协同推进数字化转型发展，打造具有全国影响力的特色产业集群。四是培育数字化转型发展良好生态。针对新疆兵团企业转型发展所关注的重点问题，集中开展宣贯培训活动，增强企业对数字化转型的理解和认识，提高企业推进数字化转型的积极性和主动性，同时培育壮大市场主体，基于现有的产业集群体系，塑造集群内大企业带动中小企业转型发展的局部生态。

二 新疆兵团数字化转型总体发展情况

（一）总体发展水平

从发展水平来看，2022 年新疆兵团两化融合发展水平为 47.4，对比西部临近省（区、市），高于临近的青海（46.8）、甘肃（45.6）、西藏（45.5）等地，数字化转型基础相对较好。2022 年，新疆兵团两化融合发展水平处于全国第三梯队，较全国平均水平（59.6）仍有较大差距，同时也略低于新疆维吾尔自治区的两化融合整体水平（48.7）。从发展增速来看，2022 年新疆兵团两化融合发展水平同比增长 3.5%，略高于全国平均增速（3.1%），在"十三五"以来持续稳定增长的情况下，有望提前实现"十四五"时期两化融合发展目标（48.0）。总体来看，尽管目前新疆兵团数字化转型发展水平仍低于全国平均水平，但在西部地区具有一定的优势，随着新疆兵团经济发展进入提速换挡期，新疆兵团工业和信息化局统筹布局

"十四五"新型工业化发展，企业正加速推动管理创新、技术创新、商业模式创新，为新一轮工业经济发展持续注入强劲动力。

（二）数字化普及情况

2022年，新疆兵团企业生产设备数字化率、关键工序数控化率分别为53.6%和60.2%，均略高于全国平均水平；但新疆兵团企业的数字化研发设计工具普及率、经营管理数字化普及率分别为41.5%和65.3%，明显低于全国平均水平。总体来看，新疆兵团企业更加重视提升生产环节数字化管控水平，而研发、管理等环节则相对薄弱，主要工业软件普及率也明显偏低。究其原因，一方面，冶金、石化等流程型行业的企业由于生产工艺和流程的特殊要求，数字化基础建设较为扎实，生产过程数控化水平较高，带动新疆兵团企业生产数字化管控水平提升；另一方面，新疆兵团主要行业和龙头企业的生产工艺与经营模式相对稳定，研发创新能力与动力不足，导致研发环节数字化投入较低，数字化研发设计工具普及率大幅落后于全国平均水平。对此，新疆兵团可围绕重点行业终端市场的多样化需求，利用数字化手段和工具大力提升企业的研发创新能力，支持企业向下游深加工领域延伸，向市场输出高质量且具有高附加值的高端产品，促进企业市场竞争力和盈利能力提升，加快推进产业高质量发展。

（三）网络化联结情况

新疆兵团数字化转型发展水平较高的企业在引进数字化设备时，同步推进内外网络基础建设。2022年，新疆兵团企业数字化生产设备联网率达到50.0%，高出全国平均水平，企业底层装备联网基础扎实。在此基础上，新疆兵团企业一方面从纵向推进内部管控集成，加强生产、经营、管理、服务等活动和过程的集成与互联；另一方面从横向推进跨企业的供应链集成和产业链协同，加强产业链企业间的信息资源交换、共享与整合。理论上，推进企业内部集成化管控需要建立在重点环节实现数字化的基础上，而推进供应链集成和产业链协同则需要链上企业均达到较高的数字化水平。因此，新疆兵团在目前企业内部数字化管控覆盖不全面，且企业整体数字化发展水平不高的情况下，集成互联与协同创新暂时难以达到较高水平。对此，新疆兵团可基于企业较高的设备数字化和网联化水平，推动企业加快关键业务环节数字化管控全覆盖，提高企业内部集成管控和企业间协同发展水平，进而实现供应链物料采购、原材料库存、生产制造、成品库存、产品销售、产品配送环节的全面集成管控和整体优化。

（四）智能化探索情况

新疆兵团重点聚焦金属冶炼和加工业、化学工业、农副食品加工及食品制造业、纺织服装业等行业领域，引导企业建设数字化车间和智能工厂，打造智能制造标杆；鼓励行业大型企业面向中小企业开放平台和创新资源，推动中小企业设备上云和业务系统向云端迁移，提升智能制造整体发展水平。2022年，新疆兵团初步具备探索智能制造基础条件的企业比例为6.7%，这些企业底层装备数控化程度高，管理信息化与底层自动化之间以及内部供应链上采购、生产、销售、库存、财务等环节间实现了集成，并开始向智能工厂、智慧企业迈进，但目前实现的企业比例明显低于全国平均水平，难以规模化地开展智能制造探索实践。对此，新疆兵团可首先推动企业提高装备数控化程度和综合集成水平，筑牢智能制造基础。再通过深化人工智能技术与数字孪生、3D打印、机器人等先进制造技术融合应用，提升研发设计、生产制造、供应链管理等环节的智能化决策与管控能力，在集成互联的基础上，开展精细化、柔性化管理，实现大规模个性化定制和服务化延伸，加快产业生态体系重构，实现生产力智能化变革。

三　新疆兵团重点行业转型发展情况

（一）金属冶炼和加工业

新疆兵团金属冶炼和加工业主要按照高端化、智能化、绿色化的发展思路，通过引导企业向下游精深加工环节延伸，完善产业链条，提高产业整体附加值；通过支持企业引入自动化智能化成套装备开展智能化改造，提升效率和安全生产水平；通过大力推广节能降耗、清洁生产等技术，发展循环经济，提升绿色发展水平。2022年，新疆兵团金属冶炼和加工业两化融合发展水平为69.3，在新疆兵团各行业中水平最高，且已超过该行业的全国平均水平。新疆兵团积极承接内地产业转移，客观上促进了原铝、钢材等生产企业的发展。近年来，新疆兵团金属冶炼和加工业装备数字化水平持续提升，生产设备数字化率达到69.2%，依托扎实的数字化装备基础，行业产品结构逐步优化，铝及铝精深加工、硅及合金冶炼、钢铁冶炼及压延加工等细分行业迅速发展，有力地支撑和带动了相关产业发展，为新疆兵团经济建设作出了重要贡献。

（二）化学工业

新疆兵团化学工业按照高端化、精细化、绿色化的发展思路，充分利用新疆煤炭、石油、天然气资源，加快培育壮大现代化学工业，推动化学工业向精细化方向发展。通过巩固提升氯碱化工，积极培育煤化工，适度发展石油天然气化工，加快形成氯碱化工、煤化工、石油和天然气化工协同发展格局。2022年，新疆兵团化学工业两化融合发展水平为62.1，行业内的大型龙头企业数字化发展水平突出，在行业龙头企业的引领带动下，大量化学工业企业应用信息技术实现内部综合集成管理。同时，新疆兵团化学工业企业重视信息化建设，对数字化转型的资金和组织保障较为充分，并在集成互联和智能协同等方面实现重点突破，对企业智能化改造和转型升级将起到有力支撑作用。此外，氯碱化工、煤化工、石油天然气化工等细分行业则按照新疆兵团总体规划部署，以资源能源高效利用为基础，以发展循环经济、促进清洁生产、提升企业竞争力为目标，加快行业内关键领域和共性技术研发应用，延伸产业链，构建高效利用、互为支撑、节能减排、环境友好的重化工业发展体系，加快绿色化升级改造。

（三）农副食品加工及食品制造业

新疆兵团农副食品加工及食品制造业以提升农产品加工产值与农业总产值比为目标，以建设高质量原料生产基地和打造优势品牌为主要抓手，持续延伸产业链，创建一批优势企业品牌和区域品牌，推动资源优势向产业优势转变。农副食品加工及食品制造业是新疆兵团经济发展的重要支柱产业，推动企业由生产主导型向消费驱动型转变、由以初加工为主向精深加工转变、由数量规模型向质量效益型转变，是行业数字化转型发展的主要路径。2022年，新疆兵团农副食品加工及食品制造业两化融合发展水平为41.8，明显低于全国同行业水平，且低于新疆兵团平均水平。此外，行业企业综合集成能力建设较为薄弱，数字化转型需求较为迫切。2022年，新疆兵团食品行业经营管理数字化普及率达到73.3%，高于全国同行业平均水平，企业内部集成管理能力较强，管控集成和产供销集成等跨部门、跨环节的集成互联已取得一定进展，且企业已具备一定的产业链整合能力，新疆兵团食品行业呈现数字化、网络化、智能化协同发展趋势。

（四）纺织服装业

新疆兵团纺织服装业积极承接纺织产业转移战略任务，推进就业容量大、易实现就近就地就业的服装家纺产业发展，合理布局棉纺、毛纺、化纤、混纺面料等产业，适度发展印染产业，创新发展民族特色手工纺织业和天然彩棉产业，打造全产业链，推动纺织产品由原料输出转向成品输出，建设面向中西亚和欧洲市场的纺织服装出口加工基地。2022年，新疆兵团纺织服装业两化融合发展水平为35.2，低于全国同行业平均水平。从关键指标来看，新疆兵团纺织服装业的生产设备数字化率、经营管理数字化普及率分别为45.0%和51.1%，在纺织业各项数字化指标中相对较好，但其实现产供销集成的企业比例明显低于全国平均水平，产业链协同和智能制造发展水平也较为滞后。总的来看，纺织服装业作为新疆兵团劳动密集型产业的典型代表，数字化转型总体水平偏低，按照目前控制前端、补强中端、发展后端的发展思路，适宜重点发展针织、家纺、衬衣、袜业等流程短、易配套的后端产业，积极推动产业用纺织品的研发与生产，推动产业链整体向下游环节延伸，以此构建结构合理、特色明显的纺织服装全产业链体系，促进纺织服装业数字化水平持续提升。

四 新疆兵团数字化新模式新业态培育情况

（一）数字化管理

数字化管理是企业通过打通核心数据链、深挖数据价值实现的数据驱动型高效运营管理新模式，能够提升企业管理水平、运营效率、决策准确性和资源优化配置能力。2022年，新疆兵团实现研发设计、生产、采购、销售、财务、人力、办公等关键业务环节全面数字化管理的企业比例仅为27.4%，在全国各省（区、市）排名中相对落后，主要原因是新疆兵团企业数字化研发创新能力较弱，各个环节数字化发展不均衡，导致企业内部数字化集成管理相对困难。对此，新疆兵团可引导企业着重补强数字化管理的薄弱环节，不仅要将数字技术作为提高生产效率的手段，也要将其融入包括研发设计环节在内的全环节、全链条中，实现对产品全生命周期的数字化管控。

（二）网络化协同

网络化协同是指企业与供应链上下游企业和合作伙伴打破信息壁垒，共享客户、订单、设计、生产、经营等各类数据信息资源，提升产业链互联互通水平，实现跨区域跨产业资源的整合汇聚，打造资源灵活、组织贯通和高效配置的网络化体系，加快制造资源泛在连接、在线汇聚和精准对接，推动生产方式由线性链式向协同并行转变，持续提升生产效率。2022 年，新疆兵团实现网络化协同的企业比例为14.8%，与全国其他省（区、市）相比水平较低，仍处于持续探索深入过程中。对此，新疆兵团可进一步提升企业的网络化协同能力，探索通过众包设计、协同制造等方式重构产业链生态，通过网络化协同消除地域边界和行业边界，加快制造资源泛在连接、在线汇聚和精准对接，有效实现产业链精简、交互成本降低和经济运行效率提高。

（三）服务化延伸

服务化延伸是指企业基于产品模型构建和服务数据汇聚分析，从原有制造业务向价值链两端高附加值环节延伸，从以加工组装为主向"制造+服务"转型，从单纯出售产品向出售"产品+服务"转变，围绕产品全生命周期的各个环节融入能够带来商业价值的增值服务的新型模式。2022 年，新疆兵团开展服务型制造的企业比例为27.2%，虽然略低于全国平均水平，但明显高于其他西部省（区、市）。对此，新疆兵团可引导企业将服务型制造作为推进数字化转型的重点任务之一，加快从传统单一的制造环节向价值链两端延伸，实现从生产型制造向服务型制造转变，从单纯提供产品向提供全价值链服务转变，进而提高产品附加值，促进新疆兵团制造业整体向高端发展。

五　结束语

新疆兵团通过完善政策规划、推动试点示范、引导企业贯标等，推动企业数字化普及、网络化联结、智能化探索水平持续提升，尤其是在流程行业的生产环节数字化管控方面，形成了一定的比较优势，但在研发、管理数字化等方面仍有较大提升空间。下一步，建议新疆兵团可通过广泛开展评估诊断工作，进一步摸清当前企业数字化转型过程中存在的问题和困难，并着力完善数字化转型政策体系和工作推进机制，引导企业提升数字化意识，总结提炼典型示范企业优秀经验、成果和解决方案，推动企业全面加强硬件、软件、网络、平台等数字化新型基础设施建设应用，鼓励企业积极培育数字化新模式、新业态，提升市场化综合服务能力和质量，以生态化的方式推动新疆兵团产业数字化转型稳步发展。

参考文献

《新疆生产建设兵团国民经济和社会发展第十四个五年规划和二〇三五年远景目标纲要》，http：//www. bingtuannet. com/ywq/202103/t2021 0320_100355. html。

《新疆生产建设兵团新型工业化发展"十四五"规划》，http：//www. xjbt. gov. cn/c/2021-10-12/8170056. shtml？COLLC C=1477204273。

陈杰、周剑、付宇涵：《我国工业企业两化融合评价体系及实证研究》，《制造业自动化》2016年第6期。

师丽娟、马冬妍、高欣东：《企业数字化转型路径分析与现状评估——

以某区工业企业数字化转型为例》，《制造业自动化》2020 年第 7 期。

董豪、高欣东、付宇涵等：《原材料行业企业数字化转型路径研究——以江苏省为例》，《中国管理信息化》2020 年第 19 期。

穆少波、谢江、田海东：《兵地融合：迎来数字经济新时代》，《兵团党校学报》2022 年第 5 期。

梁斌、吕新、王冬海等：《规模化数字农业农村发展趋势探讨——以新疆生产建设兵团为例》，《农业经济》2020 年第 12 期。

刘英、王华丽：《数字农业技术发展与应用分析及展望——以新疆生产建设兵团第六师为例》，《农业展望》2021 年第 9 期。

郑季良、张鹏：《区域制造业数字化转型发展评价与对策研究——以云南省为例》，《科技和产业》2022 年第 5 期。

黄盼盼、熊涓：《长三角地区数字经济发展研究》，《对外经贸》2023 年第 4 期。

专题篇
Special Section

B.14
企业数字化转型金融风险评价模型研究

王庆瑜*

摘　要： 加快推进制造业数字化转型是新时期走好新型工业化道路的必然要求，深化产融合作是以金融赋能实体经济发展的重要手段，二者在推动制造业高质量发展方面均发挥着重要作用。在此背景下，引导金融市场资金流向企业数字化转型领域，能够有效促进企业转型升级发展，为制造强国、网络强国和数字中国建设注入活力。本文梳理总结了当前数字化转型领域产融合作的背景及现状，提出了构建企业数字化转型产融合作风险评价体系的思路、目标和方法，阐述了评价体系应当包括的具体内容，讨论了数字化转型领域金融服务精准对接模式，分析了企业数字化转型融资能力建设解决方案的关注重点，为提升数字化转型领

---

* 王庆瑜，国家工业信息安全发展研究中心信息化所工程师，资深研究员，从事两化融合、数字化转型相关领域研究。

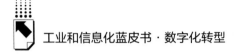

域产融合作风险评价能力、提高企业数字化转型相关工作融资能力和水平提供理论参考和支持。

关键词： 数字化转型　产融合作　风险评价模型

近年来，我国持续推进产融合作发展，鼓励金融机构、资本市场加大对制造业的支持力度，引导社会资本加大对实体经济的投入。但是，针对企业数字化转型发展的产融合作方面仍有提升空间，缺少一套专门面向企业数字化转型领域的产融合作风险评价体系。本文聚焦解决这一问题，研究提出该评价体系的构建思路、具体内容、应用模式和解决方案，以此支撑评价企业开展数字化转型工作之后的收益与风险情况，为金融机构更好地发掘优质企业并为企业数字化转型工作提供更多融资授信支持奠定了理论基础。

一　研究背景及现状

（一）我国产业数字化转型持续走深向实

当前，推进产业数字化转型已成为我国贯彻新发展理念、推动高质量发展的必由之路，为加速供给侧结构性改革、构建新发展格局提供关键支撑。我国高度重视制造业数字化转型发展，制定出台了一系列推动制造业数字化转型发展的政策规划，顶层设计体系逐步完善。2016年，国务院印发《关于深化制造业与互联网融合发展的指导意见》，提出推动制造业与互联网融合，加快新旧发展动能和生产体系转换，激发制造企业创新活力、发展潜力和转型动力。同年，工业和信息化部（以下简称"工信部"）出台《信息化和工业化融合发展规划（2016—2020 年）》，部署了推动制造业转型升级的重点工作。全国各省（区、市）积极推动国家政策宣贯落实，相继出台一系列支持制造业数字化转型的配套政策，逐步建立形成覆盖全国、上下联动的协同工作机制。近年来，我国制造业企业不断深化新一代信息技术在研发、生产、管理等关键业务环节的融合应用，在推动产业转型升级、促进区域协调发展、加速模式业态创新、助力经济高质量发展等方面取得了显著的进展与成效。2021 年，《中华人民共和国国民经济和社会发展第十四个五年规划和 2023 年远景目标纲要》提出，推动数字产业化和产业数字化，以数字化转型整体驱动生产方式、生活方式和治理方式变革；《"十四五"信息化和工业化深度融合发展规划》进一步提出加快重点行业领域、产业集群、中小企业等推进数字化转型，为"十四五"时期制造业数字化转型工作开启了新篇章。

（二）产融合作赋能实体经济高质量发展

金融是现代经济的核心，是资源配置和宏观调控的重要工具，更是赋能实体经济高质量发展的重要力量。2016 年印发的《加强信息共享　促进产融合作行动方案》、2017 年印发的《关于金融支持制造强国建设的指导意见》等政策文件，不断强化产融合作发展，提升金融对制造强国建设的支持和服务能力。近年来，产融合作赋能实体经济发展步伐持续加快，《中华人民共和国国民经济和社会发展第十四个五年规划和 2023 年远景目标纲要》提出，要深化金融供给侧结构性改革，构建金融有效支持实体经济的体制机制；党的二十大报告提出，要深化金融体制改革，加强和完善现代金融监管，强化金融稳定保障体系。全国两会公布的国务院机构改革方案，包括组建国家金融监督管理总局、深化地方金融监管体制改革、完善国有金融资本管理体制、加强金融管理部门工作人员统一规范管理等内容，为"十四五"时期进一步深入推进产融合作提供了新的方向指引。在国家总体战略布局下，全国各级工信部门纷纷制定落实举措，通过出台配套政策体系、建立协同推进机制、遴选试点城市、建设产融合作平台、举办银企对接活动等方式，促进我国金融服务实体经济发展能力全面提升。

（三）企业数字化转型产融合作风险评价机制亟待完善

目前，我国企业在推进数字化转型的过程中，仍然面临融资额度不足、融资成本偏高、融资周期较长等问题，导致数字化转型工作难以有效获得外部资金支持，推进进程相对缓慢。其中，初创型企业未来发展前景不易判断，融资授信风险较大；而中小企业通常由于财务管理不规范、财务信息不透明，以及经营管理稳定性不足、抗风险能力较弱等一系列问题，融资难、融资贵。在大力推进产融合作的背景下，我国已经形成了企业融资授信风险的总体评价体系，但在聚焦企业数字化转型工作的融资授信评价模型方面仍然存在缺失，金融机构按照传统的产融合作评价体系来开展评估工作，有可能筛掉大量具有发展潜力的初创型企业和中小企业，因此，亟须构建一套能够精准评价企业数字化转型融资风险的理论体系，帮助金融机构明确企业推进数字化转型工作的融资风险情况，并根据风险水平为企业提供合适的融资授信额度，促进产融合作有效发挥对制造业企业数字化转型工作的资金支持作用，同时帮助金融机构提高优质企业识别能力，对于产融合作精准匹配具有重要意义。

二 企业数字化转型产融合作风险评价体系构建思路

（一）总体思路

企业数字化转型产融合作风险评价的核心思路是判断企业开展数

字化转型后的预期收益现金流是否能够支撑按时偿还融资授信额度，为实现这一判断过程，可通过构建以企业数字化转型金融风险评估模型为核心的"评价指标体系+回归分析模型+多渠道验证"综合评价验证体系，充分利用社会公信体系数据、金融机构征信数据以及两化融合公共服务平台（www.cspiii.com）积累的超过 26 万家企业的生产运营管理及财务一手数据等，精准判断企业在推进数字化转型过程中进行融资贷款的金融风险水平，为促进产融合作供需精准对接提供数据支撑，并进一步优化完善面向企业数字化转型的金融服务精准对接模式，形成企业数字化转型相关融资能力建设提升的一体化解决方案。

（二）评价体系构建目标

评价体系构建的核心目标是服务金融机构提升企业数字化转型融资风险评价能力、助力企业加强数字化转型相关融资能力建设，并在此基础上促进产融合作供需精准对接，以金融赋能实体经济数字化转型发展。一方面，通过评价体系在制造企业的应用验证和迭代优化，提高对企业数字化转型融资风险的精准识别能力，同时提升优质企业数字化转型相关工作的融资能力，促进产融合作发展，助推制造业数字化转型步伐不断加快。另一方面，通过评价体系在金融机构与产融合作领域的普及推广，帮助金融机构提高企业融资风险识别和优质企业甄选能力，促进金融机构不断创新面向数字化转型领域的金融产品和服务，提高金融服务实体经济的能力和水平。

（三）评价体系构建方法

首先，开展背景研究与需求分析。广泛调研国内外产融合作发展环境和发展现状，梳理总结相关评价体系及解决方案研究与应用情况，分析明确数字化转型领域产融合作核心需求。其次，开展评价体系研究构建。研究构建企业数字化转型产融合作风险评价模型及方法体系，具体包括企业数字化转型金融风险评价指标体系、企业数字化转型收益预测模型、企业数字化转型预期收益波动风险评估模型、企业数字化转型融资授信策略梯度提升决策树（GBDT）模型等。再次，开展评价体系应用验证与迭代优化。遴选一批有代表性的企业，开展评价体系应用验证工作，并根据应用验证情况对评价体系进行迭代优化，所选企业需广泛覆盖原材料、装备、消费品、电子信息等行业大类，以及石化、钢铁、汽车、纺织、食品、电子等细分行业。最后，推动评价体系应用推广与产融合作态势监测。多渠道、多举措推动评价体系在更大范围内应用推广，并通过评价体系的应用推广，面向更广范围逐步构建企业数字化转型领域的产融合作态势监测体系，为产融合作供需精准对接提供数据支撑。

三 企业数字化转型产融合作风险评价体系涵盖内容

（一）企业数字化转型金融风险评价指标体系

结合现有的企业总体金融风险评价指标体系，在企业生产经营情况、财务状况、创新能力、成长潜力、产品与服务价值、行业影响力与社会贡献度等评估内容的基础上，增加企业数字化能力评价项，例如，数字化基础设施建设应用情况、数字化研发设计能力水平、数字化生产与智能制造水平、产业链供应链一体化管理能力、新模式新业态应用情况等，从而能够针对企业数字化转型工作提供相应的融资授信额度，企业总体授信额度为基础授信额度与数字化转型授信额度之和。

（二）企业数字化转型收益预测模型

通过构建企业数字化转型收益预测模型，预测企业未来收益情况，初步判断企业总体发展前景，为后续金融机构的授信策略制定提供参考依据。对于历史收益数据完善、更新周期较快（至少有每季度的收益数据）且已经开展了数字化转型工作的企业，可采用单指数平滑模型、ARIMA 模型等进行企业数字化转型收益的时间序列自回归预测。对于历史收益数据相对不够完善的企业，可采用多元回归模型进行分析预测，在企业固定资产、现金流、纳税额、用电量、用工量、产品价格等常见自变量的基础上，面向企业数字化转型需求，探索增加企业在基础设施、研发设计、生产制造、经营管理、仓储物流等重点环节的数字化能力相关指标作为自变量，利用两化融合公共服务平台采集的企业业务发展及数字化能力建设相关数据，拓展构建企业数字化转型预期收益多元回归分析模型，对企业推进数字化转型的预期收益情况进行模型拟合估算。

（三）企业数字化转型预期收益波动风险评估模型

企业未来收益的不稳定性同样意味着风险，因此，在对企业未来收益情况进行模型预测之后，可进一步利用 ARCH 模型、GARCH 模型等条件异方差模型进行时间序列回归分析，对企业数字化转型预期收益的波动风险情况进行评估判断。结合企业数字化转型收益预测模型、波动风险评估模型分析结果等，对企业通过数字化转型实现的营收能力和稳定性情况进行综合研判，可为企业融资授信额度设定提供重要依据。

（四）企业数字化转型融资授信策略梯度提升决策树（GBDT）模型

在前述模型分析的基础上，进一步汇总整合相关指标数据和分析结果，参考目前消费金融领域风险评估常用的梯度提升决策树（GBDT）等分析模型，将因变量设定为是否为企业提供信贷服务（1

表示提供，0表示不提供），将前述的指标体系评价结果、预期收益、波动风险、信用记录等作为自变量，或者直接将企业的固定资产、现金流、纳税额、用电量、用工量、产品价格以及数字化能力相关指标作为自变量，通过模型分析明确基于企业当前数字化转型金融风险水平是否可为其提供融资授信服务，辅助金融机构总体策略制定。

（五）面向企业数字化转型产融合作的多渠道验证机制

经过指标体系评价和建模预测分析等理论研究，需进一步整合多渠道数据信息，对理论研究分析结果进行检验验证，确保对企业数字化转型金融风险水平判断的准确性，主要验证方式包括以下几个方面。一是整合来自社会公信体系、国内外金融机构、境内外反欺诈服务组织等多方信息，建立企业风险信息库，对参与金融风险评估的企业进行辅助验证。二是深入企业开展现场调研、文件审核、数据验证等工作，确保建模分析过程中使用的企业业务与财务数据的真实性、准确性，提高建模分析结果的科学性和参考价值。三是探索利用云平台和大数据技术，结合决策树、神经网络等机器学习和深度学习先进算法，打造集风险探查、经营情报、舆情监测、关联分析、评估报告于一体的智能风险防控体系，智能化开展企业金融风险评估结果验证。

四 企业数字化转型金融服务精准对接模式

（一）建设产融合作供需对接平台

推动产融合作供需精准对接，需要具备相应的公共服务平台作为载体支撑，可通过建设产融合作供需对接平台的方式，基于企业数字化转型金融风险评价理论体系，依托平台开展企业数字化转型金融风险评估工作，对于发展前景好、融资风险低的优质企业，尤其是中小企业，加大数字化建设相关的融资授信力度，助推企业数字化转型发展，促进数字化转型领域金融服务精准对接。例如，在现有的两化融合公共服务平台上增加"产融合作"板块，围绕企业数字化转型融资供需精准对接，引导金融机构和企业入驻，企业填报基础信息、发布融资需求并开展线上评估，金融机构提供面向数字化转型金融产品服务，平台基于模型算法进行自动分析、匹配与推荐，同时更加方便地调用平台积累的企业数字化转型相关数据信息进行验证，保障供需对接的精准性。

（二）融入现有产融合作平台体系

除了新建产融合作供需对接平台之外，还可以探索推动与国家产融合作平台等较为成熟的平台合作，在平台现有的科技产业金融一体化、先进制造业集群、科技创新再贷款、工业互联网、供应链金融等特色金融服务的基础上，推动新增"企业数字化转型"专区，将构建形成的评价方法体系嵌入平台，进一步完善平台的产融合作公共服务功能体系。同时，可聚焦制造业数字化转型领域，联合金融机构组织举办产融合作主题活动，包括政策解读、宣贯培训、供需对接、成果发布、经验交流等，推动产融合作持续深化，培育构建金融服务产业数字化的生态体系。

五　企业数字化转型融资能力建设解决方案

（一）面向稳定生产运营阶段企业的解决方案

对于处在稳定生产运营阶段的企业，可结合指标体系评价与建模分析结果，明确企业在融资过程中的短板，并进行针对性的能力建设提升。例如，对于财务信息不规范、不透明等问题，企业可在数字化转型工作的实施过程中，重点加强业务财务一体化管理能力建设，提高财务管理水平和财务信息透明程度，为进一步提升数字化转型融资水平奠定基础。对于评估分析过程中发现的盈利能力不强等问题，则应从企业总体发展战略角度出发，以数字化转型为抓手体系化打造新型竞争能力，利用数字技术实现提质降本增效，进而提高市场竞争能力和预期收益水平，从本质上提高企业的融资授信价值。

（二）面向初创/成长阶段企业或中小企业的解决方案

处在初创阶段和成长阶段的企业或是中小微企业，短期盈利能力通常较弱，且面对市场不确定性的风险承受能力较低。对此，可通过推进企业数字化转型工作，统筹加强未来发展方向及路径的规划设计，重点突出企业自身在自主创新能力、产品优势、商业模式、市场规模、服务价值等方面的优势，形成能够有效应对该类型企业发展过程常见问题的能力体系和解决方案，呈现出企业未来良好的成长前景与发展趋势，从而在金融机构融资授信评估过程中得到更高的评价，进而实现更高的融资授信额度。

（三）面向大型龙头企业或"链主"企业的解决方案

对于大型企业、行业龙头企业和"链主"企业，可打造面向制造业数字化转型的供应链金融生态圈。加强与金融机构的深入合作，创新性培育面向制造业数字化转型的供应链金融服务新模式，以供应链上龙头企业为核心，基于链上企业间互联互通的数据资源，为链上企业乃至全链条提供定制化金融服务，在帮助供应链上下游中小企业盘活资金流、加快数字化转型的同时，提高金融机构自身的投资效率和经济效益，并在长期合作过程中持续优化产融合作环境，形成良性发展的供应链金融生态圈。在具体实施时，供应链上龙头企业宜围绕制造业数字化转型的核心目标，依托供应链数字化相关的公共服务平台，综合应用大数据、物联网、区块链、人工智能等新一代信息技术，广泛汇集链上企业推进数字化转型的相关数据，基于数据分析挖掘企业数字化发展潜力，为转型发展前景较好的企业提供信用证明，帮助金融机构准确评估企业还贷能力，为链上中小企业提供更加便捷、充足的资金支持。

六 结束语

持续深入推进产业数字化转型是大势所趋，支持和引导金融有效发挥对企业数字化转型的赋能作用，也是推动我国制造业高质量发展的重要举措之一。本文提出了企业数字化转型产融合作风险评价体系构建的思路、目标和方法，详细阐述了评价体系具体内容、应用模式以及相应的融资能力提升解决方案。下一步，仍需进一步构建完善评价体系，推动评价体系的应用验证、迭代优化和普及推广，弥补企业数字化转型产融合作风险评价领域的短板，助力金融机构提升对优质企业的识别与服务能力，增强产融合作供需精准对接能力，助力企业数字化、网络化、智能化水平加速提升。

参考文献

孙晓强：《加大金融支持力度 促进制造业数字化转型发展》，《求知》2022 年第 2 期。

刘仲敏：《供应链金融产业中授信供应商的风险评价研究》，上海海事大学博士学位论文，2022。

刘元宁：《Z 银行普惠金融风险评价机制优化研究》，中国矿业大学博士学位论文，2021。

吴俊：《基于决策树方法的物流金融风险综合评价模型研究》，江西财经大学硕士学位论文，2021。

刘思贤：《商业银行供应链金融风险评价研究》，新疆财经大学硕士学位论文，2021。

中国银行保险监督管理委员会：《中国银保监会办公厅关于银行业保险业数字化转型的指导意见》，http：//www. gov. cn/zhengce/zhengceku/2022－01/27/content_ 5670680. htm。

曲静怡：《金融数字化转型与产业数字化转型同频共振》，中国发展网，2020 年 9 月 2 日。

王慧娴：《中国工业互联网产融合作发展情况分析》，《通讯世界》2020 年第 5 期。

李娜：《产融合作下金融支持科技创新机制及问题探究》，《创新科技》2017 年第 1 期。

王增业、王文忠：《打造供应链金融生态圈》，《中国金融》2020 年第 23 期。

B.15
我国智慧园区创新发展实践研究

左 越 陆江楠 孙玉龙 杨若阳 高欣东*

摘 要： 当前，智慧园区建设已成为我国产业基础高级化、产业
链现代化的重要支撑，为我国区域产业转型升级、经济
高质量发展提供新动能。本文介绍了我国智慧园区建设
的背景和意义，分析了我国智慧园区发展的现状及趋势，
以及智慧基础设施、智慧运管平台、智慧应用服务等智
慧园区建设的重点内容。在此基础上，分析了我国智慧
园区发展面临的机遇与挑战，并提出了智慧园区创新发
展的建议。

关键词： 数字化转型 智慧园区 产业发展

随着互联网、大数据、云计算、人工智能、区块链等新一代信息
技术加速创新并向经济社会各个领域深度融合渗透，数字经济已成为

* 左越，国家工业信息安全发展研究中心信息化所工程师，从事两化融合、数字化
转型、工业互联网、产业互联网、数字经济相关领域研究；陆江楠，国家工业信
息安全发展研究中心信息化所工程师，从事两化融合、数字化转型、智慧应急相
关领域研究；孙玉龙，国家工业信息安全发展研究中心信息化所工程师，从事两
化融合、数字化转型、智慧应急相关领域研究；杨若阳，国家工业信息安全发展
研究中心信息化所工程师，从事两化融合、数字化转型、数字经济、智慧城市相
关领域研究；高欣东，国家工业信息安全发展研究中心信息化所高级工程师，从
事两化融合、数字化转型、智慧应急相关领域研究。

推动生产生活方式和治理方式深刻变革、赋能传统产业转型升级、催生新产业新业态新模式的核心引擎。数字经济发展速度之快、辐射范围之广、影响程度之深前所未有，正在成为重组全球要素资源、重塑全球经济结构、改变全球竞争格局的关键力量。

产业园区作为产业转型创新的孵化器、区域经济发展的领头羊、我国对外开放的重要窗口，历经40余年发展，已实现规模和质量快速增长，成为我国参与全球价值链分工的关键载体、优化产业空间布局的有力抓手、推动区域经济协调发展的重要支点。但同时，我国经济结构持续优化，经济环境的快速变化对产业园区的创新发展、高质量发展、可持续发展提出了新的要求。

在此背景下，加快运用新一代信息技术对产业园区进行全方位升级改造，通过全面采集、系统整合、综合运用园区内外各类数据资源，实现园区基础设施优化、运营管理精细化、功能服务信息化和产业发展智慧化，有利于加速园区产业结构和管理模式优化升级、促进园区核心产业有效聚合、提升园区的品牌知名度和市场竞争力，从而以智慧园区为载体推进智慧城市建设，进一步推动数字经济与实体经济深度融合，为建设现代化经济体系、实现高质量发展提供重要助力。

一 研究背景

（一）国家和地方大力支持智慧园区发展

党中央、国务院高度重视数字经济发展。自2012年以来，我国出台了多项指导和支持产业园区发展、智慧城市建设相关的政策文件，做出了相关工作部署。2013年1月，中华人民共和国住房和城乡建设部（以下简称"住建部"）召开创建国家智慧城市试点工作会议，将苏州工业园区、上海漕河泾开发区、西安高新区等纳入智慧园区建设试点。2014 年 3 月，国家发展和改革委员会（以下简称"国家发改委"）发布《国家新型城镇化规划（2014—2020 年）》，特别强调要推进智慧化城市建设，推进智慧化的信息服务和新型的信息支持、产业发展向现代化转型等内容。国务院《关于推进国家级经济技术开发区创新提升打造改革开放新高地的意见》、《关于促进国家高新技术产业开发区高质量发展的若干意见》等相关政策文件的不断出台，对国家级高新技术产业开发区提出了新的发展要求，愈加强调提升自主创新能力和营造安全、绿色、智慧园区，为园区未来发展方向定下主基调。

伴随国家层面相关政策的持续出台，各省（区、市）也结合当地产业发展实际，发布了多项相关配套支持政策，智慧园区的发展环境不断优化。当前，我国多个地方已将加快新型基础设施建设、信息平台建设、智慧应用部署等写入"十四五"发展规划，明确了智慧园区建设的顶层设计，并结合地方特色，针对化工园区、物流园区、农业园区、文化园区细化了对智慧园区建设相关支持和鼓励措施。

（二）当前我国智慧园区建设存在的问题

传统园区的管理模式、空间组织方式、功能设置等更加难以适应我国经济快速发展的步伐。一是传统园区过度依赖人工管理方式管理园区各类事项，耗费时间长、运营效率低、应用成本高，无法适应当前新经济、新业态、新模式条件下精细化管理的需求。二是传统园区各类信息系统独立开发，导致数据资源无法有效整合、信息集成共享度低、园区关联性差，阻碍园区通过智慧运营实现高效管理，难以实现竞争力有效提升。三是园区发展缺乏系统性、前瞻性规划，园区入驻企业个体化发展，企业之间缺乏协同联动，集群效应难以有效发挥，园区创新发展动力不足。四是各地方智慧园区建设产业特色不鲜明，不少智慧园区服务仍主要集中在传统的租赁服务和物业管理方面，招商思路停留在传统的房租减免和税收优惠上，重复建设、同质化竞争严重，产业空间与市场容量匹配度不够，造成资源浪费。

（三）智慧园区对经济转型升级具有重要意义

1.智慧园区建设有利于设备互联互通，由单机工作模式转变为基于数据的智能化管理新模式

通过物联网实现园区关键设备、重点设备的全面数字化，可让设备能听话、能说话、能思考。通过大数据分析、智能算法等技术的深度运用，开展园区设备资产、备品备件、运维业务的全面数字化管控，可实现设备健康状态的实时动态监控，高效开展状态预测分析，打造共享共建的设备全生命周期生态体系。

2.智慧园区建设有利于企业升级改造，发展基于平台的数字化、网络化、智能化运营新模式

园区通过提供数字化诊断、政策咨询、服务商资源对接等各类数字化转型公共服务，可有效帮助入驻企业解决转型中面临的各类问题。通过推广工业互联网等深度应用，可加速企业全要素、全产业链、全价值链的全面连接，发展壮大数字化管理、平台化设计等新型服务模式，实现核心竞争力的稳步提升。

3.智慧园区建设有利于园区智慧化转型，实现以智慧信息系统为支撑的迭代升级和发展创新

通过对各类数据的全面采集、动态存储，并通过海量数据的深度挖掘分析，可探索园区健康发展的内在规律，将数据资源转化为数据资产。基于对园区发展趋势的精准预测，可有针对性地制定园区发展规划、开展园区建设运营，实现园区运营管控能力、用户服务能力、生态合作能力的持续优化，加速形成园区内产业要素高效流动和优势资源互补的创新"生态圈"，实现园区绿色可持续发展。

4. 智慧园区建设有利于区域资源汇聚，形成以区域产业集群培育带动经济转型升级的新路径

智慧园区建设有利于促进高新技术企业、产业链龙头企业和上下游配套企业入驻，形成园区主导产业集聚的集群。依托平台开展园区内企业云上聚集并提供各类技术研发、产业孵化、融资租赁、供需对接等各类资源，有利于加速园区内企业充分利用内外部优质资源，加速发展模式创新，孵化出更多高价值产业链，实现企业发展、园区发展、产业发展同频共振，激发区域经济增长新动能。

二 我国智慧园区发展现状及趋势

（一）智慧园区已成为当前我国经济增长的重要助推器

随着全球物联网、移动互联网、云计算等新一轮信息技术的迅速发展和深入应用，"智慧园区"建设已成为发展趋势。2020 年我国智慧园区市场规模约为 2417 亿元，同比增长 6.5%，受整体经济下行压力影响，园区智慧化建设投资近两年增幅略有收窄。截至 2022 年底，我国有各类产业园区 2.5 万多个，对整个中国经济的贡献达到 30% 以上。[①] 近年来，随着国家各地区鼓励园区发展相关政策颁布，园区数量呈井喷式增长，工业总产值也实现跨越式增长，园区已成为我国经济增长的重要策源地。

（二）我国智慧园区初步形成东中西部特色发展新格局

目前，我国智慧园区发展已形成"东部沿海集聚、中部沿江联动、西部特色发展"的空间格局。东部依靠其便利的区位优势

---

① 根据网络公开资料整理。

以及良好的经济发展条件在园区建设方面成果显著，智慧园区数量约占全国的 41.4%；中部沿江地区借助沿江城市群的联动发展势头，大力开展智慧园区建设，数量紧随其后，智慧园区数量约占全国的 26%；广大西部地区凭借产业转移机遇，结合各自地域特色和园区产业发展基础，正加紧布局智慧园区建设工程，其数量略低于中部地区，约占全国的 23.1%；东北地区数量最少，约占全国的 9.5%。[①]

（三）我国智慧园区迈入精细化和专业化的发展新阶段

目前，上海、北京、杭州、深圳、珠海、佛山、厦门、广州等城市由于经济和产业基础好，智慧城市建设走在前列，智慧园区发展水平也相对较高，为其他地区智慧园区建设提供了宝贵经验。随着近年来信息技术的飞速发展，物联网、云计算、大数据等均已具备深厚的研发基础和产业化能力，在园区的应用深度也不断加大，我国智慧园区类型不断细化，逐渐涌现出智慧物流园区、智慧文旅园区、智慧能源园区等，园区产业集中度更高、专业性更强。

（四）我国智慧园区建设已形成以点带面的发展新模式

目前，智慧园区聚集了全国一半的孵化器和众创空间，是我国天使投资、风险投资最活跃的地区，创新创业已成为智慧园区的价值导向，形成了鼓励创新、宽容失败的文化氛围。华为、腾讯、阿里巴巴、百度、联想、小米等一批引领时代的科技企业均成长于园区。从全国来看，园区内高新信息技术企业、互联网企业充分发挥产业服务支撑作用，持续完善产业链布局，带动引领下游企业飞速发展，吸引

---

① 华经产业研究院：《2023~2028 年中国智慧园区行业市场深度分析及投资潜力预测报告》，2022。

更多优秀企业加入形成良性循环，逐渐形成以点为中心、带动周边企业多点发展新格局。

（五）中小微企业为拉动园区就业增长提供强有力支撑

智慧园区中中小微企业虽然单体规模小，但数量庞大，在提高园区生产效率、扩大就业、打造园区竞争力等方面发挥了重要作用。近年来，我国出台各项政策鼓励中小微企业发展，加大对中小微企业特别是对能增加产品种类、提高产品质量、填补市场空白的中小企业的扶持力度，给中小企业健康发展带来机遇。中小微企业占据的土地资源、社会资源较大型企业而言较少，人力成本更低，中小微企业稳定发展可创造更多的就业机会和岗位，更好地帮助地方解决就业问题，实现充分就业。

三　智慧园区建设重点内容

系统梳理我国智慧园区服务商的各类解决方案，可以看出当前我国智慧园区建设主要包括智慧基础设施、综合运营管理平台、智慧应用服务三方面内容。

（一）智慧基础设施

基础设施建设是智慧园区建设的基础和根基，是园区实现智慧化的第一步。智慧园区的基础设施层以物联网技术为核心，提供对园区人、事、物的智能感知能力，通过感知设备及传感器网络实现对园区范围内基础设施、信息化应用、环境、建筑设备、公共安全等方面的识别、信息采集、监测和控制。为了满足智慧园区设备链接、信息通信服务等需求，需要建设光纤宽带网络、高速宽带网络、无线局域网络等，实现移动通信网络在园区的深度覆盖，并提供高速、安全、优质的宽带网络服务。此外，需要通过园区公有云、私有云或混合云，为园区提供智能感知、云存储、云安全等各类动态、易扩展的虚拟化的计算资源和宽带网络资源，使园区企业能够通过网络以按需、易扩展的方式高效获得所需服务。

（二）智慧运营管理平台

智慧园区智慧运营管理平台是实现园区智慧化的核心。平台层的主要功能是对基础设施层的数据信息进行整合、挖掘、分析与处理，实现各种设备之间的信息互联互通，对各种应用数据进行集成，整合重用，实现对平台数据的统一管理，具有重要的承上启下的作用。智慧园区平台层通过信息与通信技术的运用，夯实平台核心服务能力，对下联接物联设备、减少设备感知层的设备差异，对上支撑上层智慧应用，提供高可靠的 IaaS、SaaS 层服务能力，可有效支撑智慧园区管理者或运营方开展统一开发、承载和运行应用系统等各类活动。此外，平台还可以提供公共数据服务信息，高效融合智慧园区的各种信息数据，实现系统数据的高效联网处理与集中统一共享，以实现平台各个组件的精细化管理。智慧平台层构成了园区业务的支撑体系，可保障园区各类信息系统间的交互性与开放性，且可在不需要修改基础设施层和园区应用服务软件等系统架构和数据结构的条件下，实现应用门户、应用系统业务流程、应用服务、数据信息资源等多层次的集成。

（三）智慧应用服务

在通过物联网、标识解析、视频监控等实现对园区运行信息全方位采集，并通过统一标准实现不同业务部门、不同信息系统间数据的融会贯通的基础上，开发出园区运行态势呈现、运行风险监测预警、业务在线办理等各类智慧应用，可便于园区管理人员随时从全局到局部、从总括到分析精细了解、管控、分析诊断园区运行情况，便于各部门协同联动，更加高效地展开园区日常管理工作，并可通过全方位、全天候的智慧运行监测对园区异常情况进行实时预警，对重点问题或重要事件开展关联分析和综合研判，快速及时开展应急联动指挥和事件处理。目前，国内智慧园区建设的智慧应用服务通常包括如下几方面。

1. 智慧化产业运行监测

运用大数据挖掘分析等技术，对园区产业发展数据和形势进行深入分析，包括政务数据、公共服务数据、市场数据、企业数据等，明确产业发展与布局优化方向，为招商引资、产业布局提供决策支撑，智能匹配和推送招商政策、产业集群和产业链配套等信息，助力园区实现传统一揽子招商向产业集群和产业链招商转变。

2. 智慧化运营管理

运用现代化的服务思维、理念和手段，通过新技术应用、智慧互联、智慧大数据运营等，推动园区由单个部门、单个业务、单个主体的内部信息化走向整个智慧园区全面信息共享、全方位协同联动的管理信息化，提升园区对各类资源的优化配置和整合能力，实现管理过程可视化，园区全方位、多层次、系统化管理，带动园区工作环境优化、企业创新能力提升，以改善整个园区经济、产业、生态结构，全面提高园区的运行效率、质量和水平。园区智慧化运营管理主要包括人员管理、车辆管理、物资管理、物业管理等。

3. 智慧环境保护

借助物联网技术将感应器、检测仪嵌入各种环境监控对象（包括废水、废气、扬尘、噪声等）中，通过超级计算机和云计算将环保领域物联网整合起来，自动采集、记录并跟踪监控点有害物质排放、碳排放等情况，以及相关环境数据，全面实时记录、跟踪环境变化情况，并对数据进行多维度、多层次统计分析，动态发布各种环境

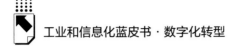

信息，检测重大危险源、污染源等出现的异常变化，评估园区环境质量和变化趋势并及时预警。

4. 智慧安全管理

借助大数据、人工智能等技术，建立不同类型的实时传感器、视频监控系统以及数据采集子系统，集成各系统上传的数据信息，自动识别并梳理危险告警信息，当园区内出现不安全不规范作业行为、设备状态异常、环境异常等情况时，及时发现并主动报警提醒，避免危险的发生，形成集人员行为管理、设备安全管理、作业过程及环境管理、重大危险源巡检管理、安全生产分析等于一体的智慧安全管理体系。

5. 智慧政务管理

打造政策集中和智慧政务服务平台，以信息化、智能化的方式，为企业提供从政策查找、政策解读到准确匹配、主动推送、咨询等一站式政策服务，满足园区管理方内部协调办公、信息发布、公文流转、共享编辑、政企互动等管理要求，为园区企业以及个人提供包括投资、税务、财政等模块在内的各种便民服务，实现各职能部门资源的高度整合，提高园区管理部门的业务办理和管理效率，提升管理的透明度，降低成本，为园区企业营造良好的工作生活环境。

6. 智慧能源管理

采集公共用水、用电、用气、采暖等能耗数据，实时监控园区内能效相关设备的运行状态和能源使用的相关指标，建立能源调度、设备运行、环境监测、人流密度等多维分析模型，提供园区能源管理的专业指标和报表，检测能耗数据指标指导节能降耗，实现对能耗（水、电、气、暖）的智慧化检测管理，改变传统粗放式的供能模式，建设低碳园区。

四　智慧园区发展展望

（一）发展机遇

党的二十大报告指出，要"推动战略性新兴产业融合集群发展""加快发展数字经济，促进数字经济和实体经济深度融合，打造具有国际竞争力的数字产业集群"，要"提高城市规划、建设、治理水平""加强城市基础设施建设，打造宜居、韧性、智慧城市"。当前，我国正面临城市化进程加快、经济转型升级的历史机遇期，智慧城市建设已成为我国城市高质量发展的重点方向，园区作为城市转变发展方式、加速传统产业转型升级、打造新兴产业集群的重要载体，其信息化、智慧化建设也受到地方政府的普遍关注和大力支持。在此背景下，智慧园区发展恰逢其时，能够充分借助政策红利，吸引国内龙头企业、专精特新企业入局，实现发展规模的不断壮大和建设水平的稳步提升。

2022年3~4月，国家工业信息安全发展研究中心面向全社会开展了"征集智慧园区解决方案优秀案例"工作，共收到了来自智慧园区领域专业服务商、运营商、业内龙头企业等近百个智慧园区解决方案优秀案例，解决方案涉及智慧公共服务、智慧运营管理、智慧决策支持、智慧风险防控等各个领域，可见当前产业界相关企业对智慧园区建设热情高涨、预期良好，未来也将投入更多的资源开展智慧园区建设技术研发，有利于智慧园区不断做大做优做强。

（二）发展挑战

我们也要看到智慧园区建设面临一些问题和挑战。一是逆全球化浪潮给全球的经济治理规则带来了较大的不确定性，部分发达国家出于对保持领先优势、最大化本国利益的考虑，加大了对我国遏制封锁的力度，并开展了产业区域化、本地化的调整，在此背景下，我国一些智慧园区建设所需的关键软硬件面临"卡脖子"的风险。二是当前我国智慧园区建设中的各类信息系统仍存在"信息孤岛"，在园区建设初期未能进行总体性系统规划，导致建设方面往往会根据园区方的各类需要，设计硬件配制、IT 架构、底层协议、数据接口、数据标准等完全不同且相互独立的信息系统，阻碍了园区各类数据的集成共享，从而极大地降低了园区数据的利用效率。三是满足地方实际、可持续发展的智慧园区建设运营模式需要进一步探索。部分信息化基础薄弱的地区在尚未明确自身需求的情况下盲目复制其他城市的成功案例，导致园区智慧化建设水土不服，最终导致智慧园区建设变成上项目、上系统，但未能达到预期效果，这种情况在我国西部地区尤为突出。

（三）创新发展建议

当前，我国智慧园区发展正处于关键时期，要厘清思路、明确重点、突破关键问题，从完善顶层设计、强化技术攻关、完善评估评价机制、建设园区生态等方面入手，多措并举推动我国智慧园区建设迈上新台阶。

1.完善智慧园区建设标准体系

针对我国智慧园区建设，目前还尚未形成一套统一的、可供参考的国家标准。一些地方如上海、重庆等地制定了一些地方标准，但多数仅仅涉及智慧园区建设规划，并未涉及信息系统建设、数据资源整合利用等内容，且更多的是针对本地智慧园区建设需求，在指导智慧园区信息系统实际建设以及指导其他地方智慧园区建设方面借鉴意义相对较弱。为此，需要尽快编制智慧园区建设标准体系，为实现以信息技术应用为支撑的园区基础设施网络化、建设管理精细化、服务功能专业化和产业发展智能化提供指导。

2. 强化智慧园区建设技术研发

近年来，随着我国智慧园区领域自主发展产品的需求越来越大，大量具备研发能力的企业开始进行自主发展技术的研发，并取得了一定的进展。但是，以目前的发展情况看，我国自主发展替代软件的研发还远远不足。智慧园区建设和运营需要涉及大量人员、关键基础设施、政务数据等重要信息，应用自主发展技术可以提高我国信息安全水平。因此，需要政府和相关企业加大自主发展软硬件研发投入，为我国智慧园区建设提供坚实根基。

3. 深挖智慧园区创新发展需求

随着智慧园区建设程度的不断提高，智慧园区建设同质化的问题也逐步显露，部分园区在没有进行需求调研的情况下，就盲目开始园区信息化建设和改造，造成建设方案水土不服、推进不畅、资源浪费。因此，需要精准挖掘智慧园区创新发展需求，明确智慧园区建设目标和方向，实现智慧园区建设特色化、个性化、专业化发展，切实服务当地产业发展，成为区域经济新的增长点。

4. 构建智慧园区科学评价体系

目前，智慧园区建设存在"重建设、轻评价"的现象，且目前尚未形成科学智慧园区建设成效的评价体系。因此，需要前瞻性开展智慧园区建设现状、发展阶段、建设重点、典型模式、发展趋势等系统性梳理，创新智慧园区建设理论，科学设计评估指标体系和评估方案，研制开发评价工具，构建基于数据的评估服务模式，以评促建指导我国智慧园区建设持续迈上新台阶。

5. 打造智慧园区创新发展生态

智慧园区运营宜遵循"构建产业链、形成产业集群、构建产业生态"的发展模式。产业园区应聚焦产业发展趋势科学开展战略规划，依托数字化、智能化平台全面链接园区内各类资源，创新开发投

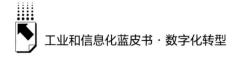

资模式，强化产业孵化培育，优化园区运营服务，推动重大关键技术成果转化落地，将智慧园区打造成为"政产学研用"深度协同的集聚地和创新区。

参考文献

石荣丽：《基于大数据的智慧物流园区信息平台建设》，《企业经济》2016 年第 3 期。

鲁璐：《智慧园区评价体系构建——基于 CMM 和 COBIT 框架》，《西南师范大学学报》（自然科学版）2017 年第 3 期。

杨凯瑞、张毅、何忍星：《智慧园区的概念、目标与架构》，《中国科技论坛》2019 年第 1 期。

左越、孙玉龙、陆江楠：《智慧园区建设评价指标体系构建及应用》，《新经济导刊》2023 年第 1 期。

附录一 数字化转型大事记

一 制造业数字化转型助推工业经济平稳发展

2022年2月18日，国家发展和改革委员会、工业和信息化部等发布《关于促进工业经济平稳增长的若干政策》（发改产业〔2022〕273号），同日，国务院新闻办公室举行新闻发布会，指出工业政策针对当前工业经济运行中存在的困难，为企业减负，做好保供稳价，扩大有效投资，增强企业发展后劲。工业政策提出要加快新型基础设施重大项目建设，引导电信运营商加快5G建设进度，支持工业企业加快数字化改造升级，推进制造业数字化转型；启动实施北斗产业化重大工程，推动重大战略区域北斗规模化应用；加快实施大数据中心建设专项行动，实施"东数西算"工程，加快长三角、京津冀、粤港澳大湾区等8个国家级数据中心枢纽节点建设。

二 工信部门多措并举推动制造业数字化转型

2022年3月17日，工业和信息化部召开专题会议，分析研判当前工业经济运行形势，研究部署促进持续平稳增长工作。工信部门将抓住当前制造业向好态势，密切跟踪国际形势、疫情走势等对工业经济的影响，加快跨地区跨部门协调，切实保障重点产业链稳定运行。

围绕扩大制造业有效投资，加快实施"十四五"规划重大工程，大力推进 5G、工业互联网等新型基础设施建设应用，启动一批制造业创新中心、产业基础再造、数字化绿色化改造项目，培育发展先进制造业集群。加强产业政策与金融政策协调配合，深化产融合作，支持制造业优质企业成长壮大，鼓励更多符合条件的企业上市，为资本市场引入更多源头活水。

三 标准引领新时期制造业数字化转型

2022 年 3 月 18 日，国家市场监督管理总局、国家标准化管理委员会发布 2022 年第 2 号中华人民共和国国家标准公告，批准国家标准《信息化和工业化融合管理体系新型能力分级要求》（GB/T23006-2022，以下简称《新型能力分级要求》）、《信息化和工业化融合管理体系评定分级指南》（GB/T 23007-2022，以下简称《评定分级指南》）和《信息化和工业化融合管理体系 生产设备管理能力成熟度评价》（GB/T 23021-2022，以下简称《生产设备管理能力成熟度评价》）正式发布。《新型能力分级要求》《评定分级指南》《生产设备管理能力成熟度评价》三项国家标准的发布实施，是顺应新时期制造业数字化发展形势、发挥标准引导作用、赋能企业转型升级的又一举措，也是数字经济时代打造两化融合管理体系升级版的集中体现。

四 工业互联网创新发展任务举措进一步明确

2022 年 4 月 13 日，工业互联网专项工作组办公室发布《工业互联网专项工作组 2022 年工作计划》（工厅信管〔2022〕256 号），工作计划针对夯实基础建设、深化融合应用、强化技术创新、培育产业生态、提升安全保障、完善要素保障六个方面提出了网络体系强基、标识解析增强、平台体系壮大、数据汇聚赋能、新型模式培育、融通赋能"牵手"、关键标准建设、技术能力提升、产业协同发展等 15 大类任务 83 项具体举措。

五　大中小企业融通创新生态持续完善

2022 年 5 月 12 日，工业和信息化部、国家发展和改革委员会等 11 部门联合发布《关于开展"携手行动"促进大中小企业融通创新（2022—2025 年）的通知》（工信部联企业〔2022〕54 号），明确将通过部门联动、上下推动、市场带动，促进大中小企业创新链、产业链、供应链、数据链、资金链、服务链、人才链全面融通，着力构建大中小企业相互依存、相互促进的企业发展生态，同时通知提出，到 2025 年，将引导大企业打造一批大中小企业融通典型模式；激发涌现一批协同配套能力突出的"专精特新"中小企业；通过政策引领、机制建设、平台打造，推动形成协同、高效、融合、顺畅的大中小企业融通创新生态，有力支撑产业链供应链补链固链强链。

六　数字化助力消费品工业"三品"培育

2022 年 6 月 30 日，工业和信息化部、商务部等五部门联合印发《数字化助力消费品工业"三品"行动方案（2022—2025 年）》。方案明确了将采取一系列措施在全国培育一批新品、名品和精品，进一步释放消费需求，促进消费发展，并确立了未来四年数字化助力消费品工业"增品种、提品质、创品牌"的重点任务，同时在创新能力显著增强、供给水平明显提高、发展生态持续优化等三个方面明确了具体发展目标。

七 数字化转型助推家具产业高质量发展

2022 年 8 月 1 日,工业和信息化部办公厅、住房和城乡建设部办公厅等四部门联合发布《关于印发推进家居产业高质量发展行动方案的通知》(工信厅联消费〔2022〕20 号)。通知提出,到 2025 年,家居产业创新能力明显增强,在家用电器、照明电器等行业培育制造业创新中心、数字化转型促进中心等创新平台,重点行业两化融合水平达到 65,培育一批 5G 全连接工厂、智能制造示范工厂和优秀应用场景。

八 重点行业领域明确机器人典型应用场景

2022 年 8 月 18 日,工业和信息化部办公厅等四部门联合印发《关于公布农业、建筑、医疗、矿山领域机器人典型应用场景名单的通知》(工信厅联通装函〔2022〕213 号)。为贯彻落实《"十四五"机器人产业发展规划》,加快机器人应用推广,经地方推荐、专家评审、社会公示等程序,确定了农业、建筑、医疗、矿山领域机器人典型应用场景名单,共计 77 项,包括农业领域机器人典型应用场景 21 项,建筑领域机器人典型应用场景 11 项,医疗领域机器人典型应用场景 25 项,矿山领域机器人典型应用场景 20 项。

九 电力装备行业加快数字化绿色化服务化发展

2022 年 8 月 24 日,工业和信息化部、财政部等五部门联合发布《关于印发加快电力装备绿色低碳创新发展行动计划的通知》(工信部联重装〔2022〕105 号)。通知明确,要从深化"5G+工业互联网"应用、加快推进智能制造、加速服务型制造转型三方面着手，深化电力装备与新一代信息技术融合，加快电力装备产品形态、研发手段、生产方式与服务模式创新变革，推进数字化绿色化服务化发展。在电力装备领域培育若干智能制造、工业互联网标杆企业和示范园区。

十　"5G+工业互联网"助力传统产业提质降本增效

2022 年 8 月 25 日，工业和信息化部办公厅发布《关于印发 5G全连接工厂建设指南的通知》（工信厅信管〔2022〕23 号）。为进一步加快"5G+工业互联网"新技术新场景新模式向工业生产各领域各环节深度拓展，推进传统产业提质、降本、增效、绿色、安全发展，指南提出，"十四五"时期，主要面向原材料、装备、消费品、电子等制造业各行业以及采矿、港口、电力等重点行业领域，推动万家企业开展 5G 全连接工厂建设，建成 1000 个分类分级、特色鲜明的工厂，打造 100 个标杆工厂，推动 5G 融合应用纵深发展。指南明确了基础设施建设、厂区现场升级、关键环节应用、网络安全防护四大项14 小项建设内容。

十一　中小企业数字化转型指南发布实施

2022 年 11 月 3 日，工业和信息化部办公厅印发《中小企业数字化转型指南》（工信厅信发〔2022〕33 号）。为贯彻落实党中央、国务院关于加快数字化发展的决策部署，以数字化转型推动中小企业增强综合实力和核心竞争力，指南提出，将以坚持企业主体、应用牵引、政府引导为实施原则，通过开展数字化评估、推进管理数字化、开展业务数字化、融入数字化生态、优化数字化实践等方式增强企业转型能力；通过提升供需匹配度、开展全流程服务、研制轻量化应用、深化生态级协作等方面提升转型供给水平；通过加强转型引导、加大资金支持、推广试点应用、完善配套服务、优化发展环境等方法加强转型政策支持，科学高效推进中小企业数字化转型。

十二　数据基础制度建设要求更加明确

2022 年 12 月 2 日，中共中央、国务院印发《关于构建数据基础制度更好发挥数据要素作用的意见》。意见指出，数据基础制度建设事关国家发展和安全大局。为加快构建数据基础制度，充分发挥我国海量数据规模和丰富应用场景优势，激活数据要素潜能，做强做优做大数字经济，增强经济发展新动能，构筑国家竞争新优势，提出相关意见。意见从四个方面提出具体要求，一是建立保障权益、合规使用的数据产权制度；二是建立合规高效、场内外结合的数据要素流通和交易制度；三是建立体现效率、促进公平的数据要素收益分配制度；四是建立安全可控、弹性包容的数据要素治理制度。

十三　"机器人+"应用路径逐步清晰

2023 年 1 月 18 日，工业和信息化部等 17 部门联合印发《"机器人+"应用行动实施方案》（工信部联通装〔2022〕187 号）。方案提出，到 2025 年，制造业机器人密度较 2020 年实现翻番；聚焦经济发展与社会民生的十大应用重点领域，突破 100 种以上机器人创新应用技术及解决方案，推广 200 个以上具有较高技术水平、创新应用模式和显著应用成效的机器人典型应用场景，打造一批"机器人+"应用标杆企业，建设一批应用体验中心和试验验证中心。方案明确，深化重点领域"机器人+"应用，增强"机器人+"应用基础支撑能力，提出构建机器人产用协同创新体系、建设"机器人+"应用体验和试验验证中心、加快机器人应用标准研制与推广、开展行业和区域"机器人+"应用创新实践、搭建"机器人+"应用供需对接平台等。

十四　智能检测装备产业发展规划布局持续完善

2023年2月21日，工业和信息化部、国家发展和改革委员会、教育部、财政部、国家市场监督管理总局、中国工程院、国家国防科技工业局七部门联合印发《智能检测装备产业发展行动计划（2023—2025年）》（工信部联通装〔2023〕19号）。行动计划提出，到2025年，我国智能检测技术基本满足用户领域制造工艺需求，核心零部件、专用软件和整机装备供给能力显著提升，重点领域智能检测装备示范带动和规模应用成效明显，产业生态初步形成，基本满足智能制造发展需求。同时，行动计划明确了产业基础创新工程、供给能力提升工程、技术装备推广工程、产业生态优化工程四大重点工程，以及强化统筹协调、加大政策支持、加强国际合作三项组织保障，为智能检测装备产业发展提供有力支撑。

十五　第三届两化融合暨数字化转型大会成功召开

2023年3月28日至29日，第三届两化融合暨数字化转型大会在江苏苏州召开。本届大会由工业和信息化部、中华全国工商业联合会、江苏省人民政府主办，国家工业信息安全发展研究中心、江苏省工业和信息化厅、苏州市人民政府、产业互联网发展联盟承办。大会以"融合新征程　数智新未来"为主题，聚焦新型工业化、两化融合、数字化转型等领域，以"现场+多地+云端"等形式，系统、多维呈现两化融合在促进工业经济增长和传统产业提升方面的显著成效和最新进展。大会在重庆、贵州、青岛等地设置分会场，来自全国及地方各级工信主管部门代表、知名院士与权威专家、龙头企业与服务机构代表参会。

附录二 数字化转型大事记

一 "智改数转"助力江苏省数字经济发展

2022 年 1 月 20 日，江苏省召开第十三届人民代表大会第五次会议，会议提出为推进数字产业化、产业数字化，江苏省政府工作报告明确，2022 年将把"智改数转"作为重要抓手，加快工业设备和业务系统上云上平台，培育一批智能制造示范工厂、工业互联网平台和"互联网+先进制造业"特色基地，积极创建国家级"5G+工业互联网"融合应用先导区。报告提出，2022 年将支持5000 家以上规上工业企业实施"智改数转"，鼓励优秀外资企业、民营企业、大型平台输出"智慧脑"，带动中小企业开展"智改数转"，让广大企业真正"敢转""愿转""会转"，加快形成"雁阵效应"。强化数据开放和数据保护，统筹数字经济、数字政府、数字社会生态体系建设，发展互联网服务和相关产品，促进江苏省数字经济发展。

二 重庆市致力赋能制造业智能化发展

2022 年 2 月 14 日，重庆市发布了《2022 年重庆市制造业智能化赋能行动工作要点》（渝经信智能〔2022〕9 号），提出了 2022 年要加快新型基础设施建设，加快推动制造业数字化改造，加快新一代信息技术和制造业融合应用，赋能生态体系更加完善。全市新建设 3 个特色专业型工业互联网平台、10 个智能工厂、100 个数字化车间、40 个新模式应用示范项目、10 个创新示范智能工厂和 10 个"5G+工业互联网"先导应用示范项目，实施 1250 个智能化改造项目，新增 1.5 万户企业"上云"。

三 天津市推动制造业数字化转型走深走实

2022 年 3 月 17 日，天津市印发了《2022 年天津市制造业数字化转型工作要点》（津工信信发〔2022〕1 号），提出了 2022 年要以深化新一代信息技术与制造业融合发展为路径，以工业互联网创新发展为抓手，推动制造业数字化转型走深走实。要夯实数字产业基础和转型支撑能力，加快产业链数字化转型攻坚，推进企业数字化变革和产业园区数字化升级，2022 年底前累计建成 5G 基站 5 万个，新建 2 个工业互联网标识解析二级节点项目，拓展"5G+工业互联网"融合应用场景建设，打造 20 个重点行业示范标杆，持续壮大软件产业规模，确保全市软件和信息技术服务业保持 15% 以上增长。

四 江苏省着力激发数字时代新动能

2022 年 4 月 8 日，江苏省政府颁布《关于全面提升江苏数字经济发展水平的指导意见》（苏发〔2022〕7 号），《指导意见》围绕七大重点任务提出 30 项具体发展意见，江苏省要加快建设数字经济创新平台、加强基础研究和关键技术攻关、加速数字科技创新成果转化、加快培育数字经济创新人才，夯实数字经济基础产业、壮大数字经济新兴产业、加快培育数字经济未来产业，加快制造业数字化转型、推动服务业数字化发展、促进农业数字化提升，建设布局科学、协同高效的存算基础设施，打造高速泛在、融合智能的网络基础设施，加快传统基础设施数字化、智能化升级，全面推进江苏省经济社会数字化转型，着力打造数字经济新引擎，激发数字时代新动能，培育数字经济新优势。

五　云南省大力推动数字经济高质量发展

2022年4月28日，云南省人民政府办公厅印发《关于大力推动数字经济加快发展的若干政策措施》（云政办发〔2022〕32号），《措施》针对目前云南省数字经济核心产业竞争力较弱、对产业发展赋能不足、数字化应用水平不高、专业人才存在缺口等发展困境，聚焦数字基础设施建设、数字产业化、产业数字化、数字化应用、创新发展、人才培育和引进6个方面，提出了23条支持措施，推动云南省数字经济加快发展，培育壮大新动能，助力高质量发展。

六　内蒙古自治区建设优势特色行业工业
互联网平台体系

2022年5月10日，内蒙古自治区工业和信息化厅印发《内蒙古自治区工业企业"上云上平台"工作方案（2022-2025年）》（内工信信软字〔2022〕156号），计划利用4年时间，完成以自治区优势特色行业为重点的工业互联网平台体系，形成平台赋能、行业龙头引领带动、中小企业协同配套生态圈。《工作方案》提出两项重点任务，一是推进企业研发设计、生产制造、产品销售、经营管理、供应链管理等关键业务环节"上云上平台"，增强生产管控协同能力，提升先进制造能力和经营管理水平。二是推动工业高耗能设备、通用动

工业和信息化蓝皮书·数字化转型

力设备、新能源设备、数控机床等关键设备"上云上平台"，提高设备运行效率和可靠性，降低资源能源消耗和维修成本。到 2025 年，自治区"上云上平台"工业企业争取达到 2.6 万家以上，培育发展登云标杆企业 20 家以上，云服务商 50 家以上。

七　贵州省启动工业领域数字化转型服务"市州行"活动

2022 年 6 月 24 日，贵州省工业和信息化厅正式启动工业领域数字化转型服务"市州行"活动，全省各级工信部门干部、有关工业企业代表、工业互联网服务商等超过 1000 人参会。启动会上，省工业和信息化厅强调：要高度认识数字化转型的重要性，政府部门、工业企业、服务商、科研机构共同努力，把工业领域数字化转型推实做好。要持续推进数字化转型供需对接，各级工信部门与工业互联网服务商联合开展"入企服务"，借助"市州行"活动搭建供需对接桥梁，凝聚供需双方企业转型共识，打造更多数字化转型优质解决方案和示范样板。加快推动两化融合管理体系贯标，从企业内部管理体系着手，形成长期推动两化融合的内在机制，提升企业数字化水平。

八　广东省构建数字经济发展"2221"总体参考框架

2022 年 7 月 5 日，广东省工业和信息化厅印发《关于印发广东省数字经济发展指引 1.0 的通知》（粤工信数字产业函〔2022〕26号）。《指引》提出了数字经济发展的"2221"总体参考框架，即"两大核心、两大要素、两大基础、一个保障体系"。两大核心即数字产业化、产业数字化，其中数字产业化包括数字经济核心产业和数字经济新兴产业，产业数字化包括工业数字化、农业数字化以及服务数字化。两大要素即数据资源、数字技术，发挥数据资源作为关键生产要素的驱动作用，发挥数字技术创新作为重要推动力的引擎作用，共同构筑数字经济内生动力。两大基础即核心基础数字产品和新型数字基础设施，是数字经济发展的重要基础。一个保障体系包括数字政府改革建设和服务支撑体系，为数字经济高质量发展提供保障。

九 北京市促进数字人产业创新发展

2022 年 8 月 3 日，北京市经济和信息化局发布《关于印发北京市促进数字人产业创新发展行动计划（2022-2025 年）的通知》（京经信发〔2022〕59 号），《行动计划》围绕构建数字人全链条技术体系、培育标杆应用项目、优化数字人产业生态 3 大方面提出 12 条主要任务。《行动计划》指出，到 2025 年，北京市数字人产业规模要突破 500 亿元；培育 1~2 家营收超 50 亿元的头部数字人企业、10 家营收超 10 亿元的重点数字人企业；突破一批关键领域核心技术，建成 10 家校企共建实验室和企业技术创新中心；在云端渲染、交互驱动、智能计算、数据开放、数字资产流通等领域打造 5 家以上共性技术平台；在文旅、金融、政务等领域培育 20 个数字人应用标杆项目；建成 2 家以上特色数字人园区和基地；初步形成具有互联网 3.0 特征的技术体系、商业模式和治理机制，成为全国数字人产业创新高地。

十 湖北省发布数字经济强省三年行动计划

2022 年 8 月 3 日，湖北省人民政府办公厅发布《关于印发湖北数字经济强省三年行动计划（2022-2024 年）的通知》（鄂政办发〔2022〕34 号）。《计划》指出，未来三年湖北省将按照"提升突破倍增跨越"八字方略，四步走，即"一年提升、两年突破、三年倍增、四年跨越"。使数字政府管理效能明显提升,数字社会服务更加普惠便捷,数字生态更加优化,数字经济成为推动高质量发展的主引擎、高效能治理的主抓手、高品质生活的主支撑。同时,《计划》明确了六项主要任务,分别为实施核心产业倍增行动,着力打造全国数字产业化引领区;实施融合应用加速行动,着力打造全国产业数字化先导区;实施数据价值化行动,着力打造数据要素聚集区;实施数据治理能力提升行动,着力打造中部地区数据治理样板区;实施网络强基行动,着力打造新型基础设施中部枢纽节点;实施数字生态活力构筑行动,着力打造一流数字经济发展环境。

十一 江西省开发区开启数字化转型行动

2022 年 8 月 13 日,江西省工业强省建设工作领导小组办公室发布《关于印发江西省开发区数字化转型实施方案的通知》(赣工强省小组办字〔2022〕38 号)。《实施方案》从加快建设完善数字网络基础设施、建设统一的开发区数字化管理服务平台、推进开发区管理数字化、推进开发区服务数字化、推进开发区监管数字化、推进开发区产业数字化六个方面明确开发区数字化转型的主要任务。同时,《实施方案》指出江西省力争用 5 年左右时间,全省开发区数字基础设施支撑能力和网络供给能力显著增强,统一的开发区数字化管理服务平台全面建成,管理服务数字化水平全面提升,企业上云上平台全面覆盖,产业向数字化网络化智能化全面转型。打造 10 个数字化转型标杆开发区、30 个左右优秀开发区,省级以上开发区全部达标。

十二 安徽省加快发展数字经济

2022 年 8 月 18 日,安徽省人民政府办公厅发布《关于印发加快发展数字经济行动方案（2022—2024 年）的通知》（皖政办〔2022〕10 号）。《行动方案》明确数字科创行动、产业数字化转型行动、数字产业能级提升行动、数字基础设施建设行动、数据价值提升行动五项重点任务。同时，《行动方案》提出以产业数字化转型迈上新台阶、数字产业化水平显著提升、数字基础设施不断完善为发展目标，不断做强做优做大我省数字经济，为现代化美好安徽建设提供新的强大动能。

十三　四川省实施数字经济典型应用场景"十百千"工程

2022 年 9 月 28 日，为深入贯彻落实《四川省"十四五"数字经济发展规划》，充分发挥应用场景对数字经济的驱动作用，促进新技术、新业态、新模式发展壮大，四川省经济和信息化厅印发《四川省数字经济典型应用场景"十百千"工程实施方案》（川数字经济办〔2022〕6 号）。《实施方案》提出，通过实施数字经济典型应用场景"十百千"工程，培育综合展现四川特色和重要创新成果的"10+"应用场景、壮大"100+"具有高成长性的重点企业，推广"1000+"典型应用和试点示范项目，为生产、生活、治理中的痛点、难点问题提供切实有效的解决方案，为竞速数字经济赛场赛道开辟更广阔的发展空间，奋力打造全国领先的数字经济发展新高地。

十四　武汉市召开"5G+工业互联网"大会

2022 年 11 月 20 日，由工业和信息化部、湖北省人民政府共同主办的 2022 中国 5G+工业互联网大会在武汉召开。大会以"数融万物　智创未来"为主题，聚焦"5G 与工业互联网融合叠加、互促共进、倍增发展"，从新型基础设施、融合应用实践、技术创新能力、产业发展生态、安全保障能力等角度出发，探讨促进"5G+工业互联网"纵深发展的实践路径，推动经济高质量发展。同时，会议期间举办了多场涉及应用、技术、网络、平台、安全、产业等层面的分论坛及特色活动，实现了展示融合成效，搭建合作舞台，打造创新风向标的会议目的。

十五　福建省发布工业数字化转型三年行动计划

2022 年 11 月 29 日，福建省工业和信息化厅发布《福建省工业数字化转型三年行动计划（2023—2025 年）》，旨在全面推进工业数字化转型，持续增强工业核心竞争力，打造高质量发展新引擎。《行动计划》提出，到 2025 年底，以 5G、大数据、人工智能、区块链、VR/AR/MR 等为代表的新一代信息技术与制造业融合发展成为制造强省重要支撑，推动工业生产效率提升、质量改善、能耗降低，形成一大批数字车间、无人工厂、智慧园区、未来产业，全省关键业务环节全面数字化的企业比例达 66% 以上，重点企业关键工序数控化率达 60% 以上，经营管理数字化普及率达 85% 以上，数字化研发设计工具普及率达 88% 以上，数字技术供给充分迸发，新模式新业态蓬勃兴起，数字安全保障坚实有力，工业数字化总体水平位居全国前列。

十六　西藏自治区举办"5G+工业互联网"
智慧矿山交流会

2022 年 12 月 13 日，西藏 2022 年"5G+工业互联网"智慧矿山交流会在线上举办。会议旨在贯彻落实党的二十大精神，推动西藏自治区产业数字化、数字产业化，提升西藏"5G+工业互联网"建设水平，促进工业互联网快速向好发展，加快新一代信息技术赋能工业产业，推动矿业智慧化转型升级，实现节能降耗、提质增效。会议总结指出，未来五年是全区工业互联网从起步转向延伸覆盖的重要阶段，全行业将坚持统筹推进，持续完善体系建设；坚持需求导向，深化行业融合应用；坚持创新驱动，强化产业供给能力。促进标杆项目在全区工业企业数字化、网络化和智能化转型升级的步伐，助力全区"四个创建""四个走在前列"，更好的服务西藏经济社会高质量发展。

十七　数字化加力振作河北省工业经济

2022年12月17日，河北省工信厅、省发改委、省国资委联合印发《关于落实加力振作工业经济重点任务的通知》。《通知》从稳固工业大盘、扩大需求、保产业链畅通、培育增长动能、壮大主导产业、增强市场主体信心、保障各项任务落实7个方面出发，提出26项具体举措加力振作河北省工业经济。《通知》指出，河北省要加速工业互联网发展，加快建设京津冀工业互联网协同发展示范区，开展工业互联网一体化进园区"百城千园行"活动，推动工业互联网进园区、进集群、进企业，加快提升河北省工业园区信息化赋能水平，带动促进全省企业数字化、网络化、智能化转型。同时，要深入实施新一代信息技术产业三年"倍增"计划，努力打造产业生态，提升制造业核心竞争力，为加快打造中国式现代化河北工业场景、构建现代产业体系奠定基础。

十八　江苏省实施工业互联网示范工程

2023年1月19日，江苏省工业和信息化厅发布《关于组织开展

2023 年度省工业互联网示范工程项目申报工作的通知》（苏工信融合〔2023〕27 号）。《通知》提出，聚焦核心业务上云、设备和数据上云、基于"数据+模型"创新应用三大方向，大力推动"企业上云"计划；遵循"大企业建平台、中小企业用平台"思路，积极推动综合型、特色型、专业型工业互联网平台向各地深耕；深入推进平台赋能模式业态创新，着力创建一批具有国内领先水平的数字化转型示范标杆工厂，有效促进实体经济提质增效升级。同时，《通知》明确申报类别为省重点工业互联网平台、省工业互联网标杆工厂、省星级上云企业三种，其中省工业互联网标杆工厂包括新型智能产品、数字化管理、平台化设计、智能化制造、网络化协同、个性化定制、服务化延伸 7 大业态模式创新方向。

十九 湖南省"智赋万企"行动提升企业智能化水平

2023 年 3 月 6 日，湖南省工业和信息化厅发布《湖南省"智赋万企"行动方案（2023—2025 年）》。《行动方案》提出，到 2025 年，数字经济与实体经济融合取得显著成效，企业智能化水平极大提升，产业核心竞争力明显增强；推动全省 70 万家企业上云，4 万家企业上平台；全省 75% 的规模以上制造业企业基本实现数字化网络化，工业互联网平台在规模工业企业中的普及率达50%；打造 1000 家智能制造企业、3000 条（个）智能制造生产线（车间）、15000 个智能工位；以数字化变革为支撑，推动省级专精特新中小企业达到 3500 家左右，国家级专精特新"小巨人"企业达到 1000 家左右。同时，《行动方案》明确了底座、供给、应用三个层面的"十大工程"，从加强统筹协调、加大政策支持、强化人才支撑、推动开放合作四个方面保障行动方案落实及各项任务顺利实施。

二十　山东省推动国家级工业互联网示范区建设

2023 年 3 月 16 日，山东省工业和信息化厅发布《关于印发"工赋山东"2023 年行动计划的通知》（鲁工信工联〔2023〕40 号）。《行动计划》明确，以服务支撑制造经济、数字经济、民营经济"三个经济"为重点，以推动制造业数字化转型为突破口，统筹推进网络、平台、应用等体系建设，加快工业互联网规模化应用，推动国家级工业互联网示范区建设迈上新台阶。到 2023 年底，新培育新一代信息技术与制造业融合发展示范企业 100 家以上，全省两化融合发展指数力争达到 119，全国有影响力的工业互联网平台超过 40 个。《行动计划》提出了健全完善市场推进机制、全力打造领先平台体系、扎实推进规模应用推广、持续优化网络基础设施、不断建强服务支撑载体五方面工业互联网建设重点任务，并提出三点保障措施。

Abstract

At present, the integration and development of a new generation of information technology and manufacturing industry has entered an accelerated development period of innovation breakthroughs, in-depth penetration, and diffusion and application, the manufacturing production mode and enterprise form are accelerating the reform and reconstruction, and new models and new formats for the digital transformation and development of enterprises continue to emerge. On the basis of summarizing the practical experience and application results of the digital transformation of China's manufacturing industry, the "Digital Transformation Development Report (2022 ~ 2023) " focuses on the more comprehensive, overall and forward-looking topics of the digital transformation of China's manufacturing industry, and puts forward feasible suggestions for the digital transformation and development of China's manufacturing industry.

This report mainly summarizes the main progress and effects of China's digital transformation in recent years from the aspects of China's digital transformation development status and trend , the construction and application of theoretical system, industry and regional practice and key area exploration, and judges and prospects for future development trends. This report consists of 5 parts and 15 articles. The research in this report shows that the integrated application of new generation information technologies such as Internet, big data, cloud computing, artificial intelligence and blockchain has continuously injected new vitality into the high-quality development of China's economy and society, and it is of great significance to accelerate new industrialization through digital transformation. At present, the digital transformation of China's manufacturing industry has entered a rapid development track, the overall development of the industry has achieved remarkable results, the theoretical system has been continuously improved, the regional practice of the industry has continued to deepen, and the exploration of key areas has gone deep into reality.

In terms of overall industrial development, the level of integrated application in the field of information technology development is steadily improving, the advanced manufacturing industry with national key layout continues to grow and develop, and the development process of new industrialization is accelerating. In terms of theoretical system construction, the graded and classified assessment system of digital transformation of enterprises is constantly improving and popularizing, the application mode of cloud manufacturing is accelerating and the effect is gradually emerging, and the mechanism and method of standardization construction of digital transformation scenarios are gradually explored and formed. On the practical application of the industry: the metallurgical industry promotes digital transformation around digital infrastructure, data governance, industrial agglomeration, green and low-carbon, the petrochemical industry focuses on equipment management, production optimization, supply chain coordination, safety risk management and control to accelerate digital application, and the electronic information industry strives to improve the digital capabilities of industrial support, precision management and technological innovation based on high-tech advantages. In terms of regional practical application, Jiangsu promotes the high-quality development of the province's manufacturing industry with intelligent transformation and digital transformation, Hebei promotes the overall industrial transformation and upgrading with the innovation and development of industrial internet, Inner Mongolia forms a characteristic path model of digital transformation with the deep integration of informatization and industrialization as the guide, and

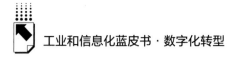

工业和信息化蓝皮书·数字化转型

Xinjiang Corps focuses on key industries and the application of new models to accurately promote digital transformation and development. In the exploration of key areas, the construction and application of financial risk evaluation model for enterprise digital transformation provide theoretical support for further deepening the integration of production and operation, and the innovative construction of smart parks is of great significance for the development of "ecological circle" in parks and the overall transformation and upgrading of enterprises in parks.

Keywords: Digital Transformation; New Industrialization; New Generation of Information Technology

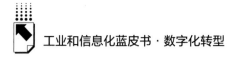

Contents

I General Reports

Abstract: In recent years, new generation information technologies, such as the Internet, big data, cloud computing, artificial intelligence and blockchain, have accelerated breakthroughs, which continuously injects new vitality into the high-quality development of China's economy and society. The 20th National Congress of the Communist Party of China made a major strategic deployment to promote new industrialization. And this conference emphasized the acceleration of constructing manufacturing power, network power and digital China, and promoting the deep integration of the digital economy and the real economy. Under this background, accelerating the industrial digital transformation can effectively promote the integrated development of the new generation of information technology and manufacturing industry. And it will comprehensively improve China's industrial innovation, competitiveness and anti-risk capacity, and promote the pace of new industrialization to accelerate. Those will provide strong material foundation, technical support and spiritual impetus for building a socialist modernized power in an all-round way. This paper deeply expounded the significance of accelerating the new industrialization with digital transformation, and systematically summarized the remarkable achievements made in the construction of digital innovation capacity, the integration and empowerment of Industrial Internet, new products, new models and new formats, the construction of digital transformation ecology in China. Then we put forward the suggestions of driving the development of new industrialization with digital transformation, focused on the method system, technology system, service system and ecological system. Through the above work, we can provide theoretical support for promoting the integrated development of industrialization and informatization on a broader, deeper, and higher level.

Keywords: Digital Transformation; New Industrialization; Digital Economy; Real Economy

B.2 The Status and Trend of Information Technology
Development Fields in China

Wang Qingyu, Fu Yuhan, Zhang Lei and Cui Jiaxing / 009

Abstract: In the context of the new global technological revolution and industrial transformation, China is accelerating the development from a big manufacturing and network country to a manufacturing and network power. The strategic layout and policy guidance has been continuously strengthened in the information technology development fields, such as the integration of informatization and industrialization field, and the digital economy field. And the industrial practice and application continue to deepen, promoting the steady improvement of national information technology development and application level. The economic and social value benefits gradually emerge. The above work has laid a solid foundation for further supporting the construction of manufacturing power, network power and digital China. Under the background, this paper focused on the field of information technology development, and systematically promoted the construction and improvement of a set of indicators and models, based on the existing indicator systems such as the evaluation system for the integration of informatization and industrialization. Based on the tracking and monitoring of the indicator systems, we could comprehensively grasp the current situation of information technology development fields, and research the future development direction and trend with data as the core. Then we can provide a strong grasp for promoting various work in the information technology development fields.

Keywords: Information Technology; Integration of Informatization and Industrialization; Digita Economy

B.3 Research and Suggestion on the Development Situation of
China's Advanced Manufacturing Industry

Zhang Lei, Wang Dan, Ba Xucheng,

Wang Qi and Fu Yuhan / 022

Abstract: At present, advanced manufacturing has become the commanding point of economic competition in the world. The United States, the European Union, Germany, Japan and other developed countries and regions are focusing on the development of advanced manufacturing. China should focus on technology, capacity and ecology, and accelerate the development of advanced manufacturing capacity and digital transformation.

The report to the 20th National Congress of the CPC points out that promoting a new type of industrialization and accelerating the building of a strong manufacturing, quality, space, transportation, cyber and digital China are major tasks for China to fully implement the new development philosophy, accelerate the building of a new development pattern, and strive to promote high-quality development at present and in the future. It is an important direction to construct strategic advantage of future global development. With the connotation of advanced manufacturing industry as the breakthrough point, explore the experience of the major developed countries and regions in the world, systematically summarize the work measures and industrial practices to promote advanced manufacturing industry, clear the era background and significance of promoting advanced manufacturing industry, and put forward suggestions, in order to promote new industrialization and high quality development of manufacturing industry to provide reference.

Keywords: Advanced Manufacturing Industry; New Industrialization; Digital Transformation

II Theory Reports

B . 4 The Research on the Graded and Classified Assessment

Diagnostic Model for Enterprise's Digital Transformation

Wang Qingyu, Fu Yuhan / 039

Abstract: Accelerating the digital transformation of China's manufacturing industry is a major strategic deployment made by the Party Central Committee and the State Council. In recent years, the digital transformation of manufacturing industry has entered a accelerated development period of innovative breakthroughs, in-depth penetration and diffusion applications. The integrated application of the new generation of information technology continues to enable high-quality development of the real economy. Through long-term theoretical research and practice, we have gradually explored and formed the idea of promoting enterprise digital transformation work with evaluation and diagnosis as the starting point. Then we have formed the service mode of status diagnosis, problem positioning, path research, policy implementation by industry, and effect tracking. On this basis, this paper constructs the graded and classified assessment diagnosticmodel, which can more accurately judge the development level and stage of the enterprise's digital transformation. Then we can more specifically improve the level of the enterprise's digital capability, and optimize the enterprise's development strategy, business processes, production methods and organizational forms with the digital concept. Finally, enterprises can improve their sustainable competitiveness and accelerate the process of digital transformation.

Keywords: Digital Transformation; Assessment and Diagnosis; Manufacturing Industry; New Industrialization

B.5 Cloud Manufacturing Reshapes the Competitive Pattern of Enterprise in Digital Transformation

Wang Dan, Fu Yuhan, Wang Qingyu and Zhang Hongbo / 054

Abstract: New technological revolutions and industrial changes are reshaping the world with breakthrough momentum. The digital economy, as the main force leading the change, is also reshaping the global economic development model, and the supply chain, industry chain, value chain and service chain are in a period of adjustment. As a new manufacturing model unique to China and an important driver of low-cost mass utilization for enterprises, the study of cloud manufacturing is of great importance to promote the transformation of enterprises to digitalization. Based on this, this paper provides an outlook on the development trend and application of cloud manufacturing technology, hoping to help promote the digital transformation of enterpvises in China.

Keywords: Cloud Manufacturing; Enterprise Cloud; Digital Transformation

B.6   Research on the Construction Mechanism of Enterprise
Digital transformation Scenarios

Wang Qi, Fu Yuhan and Wang Qingyu / 070

Abstract: With the deep integration of the big data, artificial intelligence, cloud computing, blockchain, quantum computing and other new generation information technologies with the manufacturing industry, accelerating the Digital transformation of the manufacturing industry has become the strategic consensus of the world to consolidate the leading edge of the manufacturing industry. At present, the top-level design for promoting the construction of Digital transformation scenarios of enterprises in China has been constantly consolidated, and the policy system has become increasingly perfect, which has laid a solid foundation for the construction of manufacturing power, network power, and digital China. However, there is no scientific conclusion on the connotation and operation mechanism of scenarios in China. In this regard, this paper takes the scenario construction as the starting point, systematically analyzes the connotation and extension of the Digital transformation scenario, and forms a standardized construction mechanism and method of "demand identification-scenario cultivation-achievement evaluation-empowerment promotion" around the main content and implementation mechanism of the construction at each stage, giving a detailed answer to how enterprises build the Digital transformation scenario.

Keywords: Digital Transformation; Scene Cultivation; Manufacturing Industry

Ⅲ   Industry Reports

B.7   Current Situation and Trend of Digital Transformation in
China's Metallurgical Industry

Wang Dan, Fu Yuhan, Wang Qingyu,
Zhang Lei and Wang Qi / 083

Abstract: As one of the pillar industries of China's national economy, the metallurgical industry has greatly supported the high-quality development of construction, national defense, aerospace and other industries. The Digital transformation of the metallurgical industry is an inevitable requirement and realistic path to achieve high-quality sustainable development. This study summarizes the current development status and bottlenecks of the metallurgical industry, and quantitatively analyzes the digital development status of the metallurgical industry from aspects such as digitization, networking, intelligence, and new models and business forms. On this basis, four trends of Digital transformation of metallurgical industry are proposed to provide reference for transformation and upgrading of metallurgical industry.

Keywords: Metallurgical Industry; Digitization; Transformation and Upgrading

B.8 Development Status and Suggestions of Digital Transformation in China's Petrochemical Industry

Zhang Lei, *Wang Qingyu*, *Wang Dan*,

Ba Xucheng and Wang Qi / 098

Abstract: The petrochemical industry is a typical process industry, with high equipment value, complex technology, long industrial chain, high risk and great pressure on environmental protection. It is also faced with such pain points as opaque equipment management, difficult to inherit process knowledge, low level of upstream and downstream collaboration of the industrial chain, and prone to safety accidents. It has the characteristics that the management decision-making mode is mainly inventory oriented rigid production. In recent years, Chinese petrochemical industry enterprises to carry out equipment digitization, networking, improve the production process numerical control level, improve production technology, optimize energy consumption management, improve production efficiency, in green environmental protection and reduce cost and improve efficiency has made a series of progress results, the pace of digital, networking, intelligent transformation and upgrading is further accelerated, New products, new models and new forms of business are emerging. This paper summarizes the characteristics of Chinese petrifaction industry and the status quo of digital transformation and development, analyzes the digital development trend of Chinese petrifaction industry with concrete data, and puts forward the transformation enhancement scheme and overall development proposal from digital foundation preparation to intelligent synergy.

Keywords: Petrochemical Industry; Digital Transformation; Industrial Internet

B.9 Digital Transformation Path and Countermeasures of China's
Electronic Information Industry

Wang Dan, *Fu Yuhan*, *Wang Qi*,
Wang Qingyu and Zhang Lei / 113

Abstract: With the rapid development of a new generation of information technology, the electronic information industry has become a major lifeline of China's national economic development, but also to enhance China's international competitiveness of a major support force. At present, the process of digital industrialization and industrial digitization is accelerating, and the digital transformation and development of electronic information industry is effective. This paper conducts an in-depth study based on the current situation of the industry development, clearly puts forward the current situation of digital development of the electronic information industry, development focus trends, and focus on the industry development needs to put forward digital transformation suggestions, to provide reference for the digital transformation and upgrading of China's electronic information industry.

Keywords: Electronic Information Industry; Digital Transformation; Digital Industrialization; Industry Digitalization

Ⅳ　Area Section

B.10　Research on Digital Transformation Development Model of

Manufacturing Enterprises in Jiangsu Province

Zhang Lei, Wang Qingyu, Ba Xucheng,

Wang Qi and Fu Yuhan / 132

Abstract: In order to promote the integrated development of informatization and industrialization in a wider range, in a deeper degree and at a higher level, accelerate the deep integration of 5G, Internet, big data, artificial intelligence and other new generation of information technology and manufacturing industry, and enable Jiangsu to take the lead in building a new development pattern. Over the past ten years, Jiangsu has comprehensively promoted the intelligent transformation and digital transformation of manufacturing industry. We actively fostered new models and forms of business such as digital management, platform-based design and intelligent manufacturing, accelerated the digital transformation and upgrading of traditional industries, promoted the development of traditional advantageous industries and pillar industries, promoted the development of industrial clusters, and built a modern industrial system. The integrated development level of the two industries reached 66.4, ranking first in China for eight consecutive years. It provides a typical model for the development of digital transformation in other provinces.

Keywords: Digital Transformation; Integration of Informatization and Industrialization; Manufacturing Industry; Jiang Su

Contents ◸⟩

Abstract: Hebei Province takes the deepening integration of new
generation information technology and manufacturing industry as the main
line, strengthens the construction of integrated development infrastructure,
vigorously promotes innovative development of industrial Internet,
accelerates digital transformation of manufacturing industry, promotes the
continuous expansion of digital industry scale, and accelerates the
construction of an integrated development ecology of two industries. This
paper systematically combs and summarizes the deployment and
development status of the integration of informatization and industrialization
in Hebei Province, forms the digital transformation development mode and
path led by the deep integration of informatization and industrialization in
Hebei Province, and finally puts forward development suggestions.

Keywords: Integration of Informatization and Industrialization;
Digital Industrialization; Industry Digitalization; Industrial Internet

Abstract: At present, the global economy is accelerating the transformation of economic activities with digital economy as the main content, and the digital economy at home and abroad is in a period of rapid evolution and deepening development. Accelerating the planning and layout of digital economy, developing core industries of digital economy and promoting digital integration of three industries are of strategic significance for Inner Mongolia Autonomous Region to implement innovation-driven strategy, cultivate digital development advantages, establish modern industrial system and realize digital transformation of key industries, and of practical significance for building a bright landscape of the northern border of the motherland and writing a new chapter of Inner Mongolia in the digital era. This paper systematically composes and summarizes the current key initiatives and digital transformation development status in Inner Mongolia Autonomous Region, and forms the development mode and path of digital transformation led by the deep integration of two industries in Inner Mongolia Autonomous Region. Finally, this paper puts forward development suggestions. It provides important data and theoretical support to further promote the digital transformation of industrial enterprises in the autonomous region.

Keywords: Industrial Companies; Digitization; Transformation and Upgrading; Inner Mongolia

B. 13 Research on Enterprise's Digital Transformation Development in Xinjiang Production and Construction Corps

Wang Qingyu, Fu Yuhan, Zhang Lei and Ba Xucheng / 183

Abstract: Xinjiang Production and Construction Corps bears the responsibility of cultivating and guarding the border entrusted by China.

Through long-term development, Xinjiang Corps has gradually built an industrial system with distinctive advantages such as metal smelting and processing industry, chemical industry, agricultural food manufacturing industry, textile and clothing industry. And Xinjiang Corps has achieved the total output value of 350, 071 billion yuan. Xinjiang Corps adheres to the overall development strategy. And in order to improve the overall competitiveness level, Xinjiang Corps promoted the development of industrial digital transformation, based on the resource endowment and industrial foundation of each division and city. Now Xinjiang Corps has made positive progress and achievements. Especially in the flow-type enterprises, they have improved the production digital level, which led to the improvement of production efficiency and product quality. This paper combed the top-level planning system of Xinjiang Corps to promote digital transformation. And we summarized the overall level of digital transformation of Xinjiang Corps. Then we analyzed the digital popularization, networking and intelligent exploration of Xinjiang Corps enterprises. Through researching the key industries and new models, we clarified the current situation, characteristics, achievements and problems of digital transformation in Xinjiang Corps. Finally, we put forward targeted development suggestions.

Keywords: Digital Transformation; Xinjiang Production and Construction Corps; New Models; New Business Formats

V Special Section

B.14 Research on Financial Risk Assessment Model of

Enterprise's Digital Transformation　　　　*Wang Qingyu* / 195

Abstract: Accelerating the digital transformation of manufacturing industry is the inevitable requirement for taking a fine new industrialization road in the new period. Deepening industrial and financial cooperation is the vital important means to enable the development of real economy with finance. Both of them play an important role in promoting high-quality development of the manufacturing industry. Under this background, guiding the flow of financial market funds to enterprises in the digital transformation field, will effectively promote the transformation and upgrading of enterprises. And it will also inject vitality into the construction of manufacturing power, network power and digital China. This paper summarized the background and current situation of industrial and financial cooperation in the digital transformation field. And we put forward the ideas, objectives and methods of building the risk evaluation system of industrial and financial cooperation in the digital transformation field. Then we discussed the precise docking mode of financial services in the digital transformation field. Finally, we analyzed the solution of the financing capacity building for enterprise digital transformation. The above work provided theoretical reference and support for improving the risk evaluation ability of industrial and financial cooperation in the digital transformation field, and improving the financing capacity of digital transformation related work.

Keywords: Digital Transformation; Industrial and Financial Cooperation; Risk Assessment Model

Contents ↖➚

Abstract: At present, the construction of smart parks has become an important support for the upgrade of the industrial foundation and the modernization of the industrial chain in China, providing new momentum for China´s regional industrial transformation and high-quality economic development. This paper introduces the background and significance of China´s smart parks construction, analyzes the current situation and trend of China´s smart park development, and analyzes the key parts of smart park construction such as smart infrastructure, smart operation management platform, and smart application services. This paper also analyzes the opportunities and challenges of smart parks, then provides suggestions for the innovative development of smart parks.

Keywords: Digital Transformation; Smart Park; Industry Development

皮 书

智库成果出版与传播平台

✦ 皮书定义 ✦

皮书是对中国与世界发展状况和热点问题进行年度监测，以专业的角度、专家的视野和实证研究方法，针对某一领域或区域现状与发展态势展开分析和预测，具备前沿性、原创性、实证性、连续性、时效性等特点的公开出版物，由一系列权威研究报告组成。

✦ 皮书作者 ✦

皮书系列报告作者以国内外一流研究机构、知名高校等重点智库的研究人员为主，多为相关领域一流专家学者，他们的观点代表了当下学界对中国与世界的现实和未来最高水平的解读与分析。截至 2022 年底，皮书研创机构逾千家，报告作者累计超过 10 万人。

✦ 皮书荣誉 ✦

皮书作为中国社会科学院基础理论研究与应用对策研究融合发展的代表性成果，不仅是哲学社会科学工作者服务中国特色社会主义现代化建设的重要成果，更是助力中国特色新型智库建设、构建中国特色哲学社会科学"三大体系"的重要平台。皮书系列先后被列入"十二五""十三五""十四五"时期国家重点出版物出版专项规划项目；2013~2023 年，重点皮书列入中国社会科学院国家哲学社会科学创新工程项目。

皮书网

（网址：www.pishu.cn）

发布皮书研创资讯，传播皮书精彩内容
引领皮书出版潮流，打造皮书服务平台

栏目设置

◆关于皮书

何谓皮书、皮书分类、皮书大事记、
皮书荣誉、皮书出版第一人、皮书编辑部

◆最新资讯

通知公告、新闻动态、媒体聚焦、
网站专题、视频直播、下载专区

◆皮书研创

皮书规范、皮书选题、皮书出版、
皮书研究、研创团队

◆皮书评奖评价

指标体系、皮书评价、皮书评奖

◆皮书研究院理事会

理事会章程、理事单位、个人理事、高级
研究员、理事会秘书处、入会指南

所获荣誉

◆2008年、2011年、2014年，皮书网均
在全国新闻出版业网站荣誉评选中获得
"最具商业价值网站"称号；

◆2012年，获得"出版业网站百强"称号。

网库合一

2014年，皮书网与皮书数据库端口合
一，实现资源共享，搭建智库成果融合创
新平台。

皮书网

"皮书说"
微信公众号

皮书微博

权威报告·连续出版·独家资源

皮书数据库
ANNUAL REPORT(YEARBOOK)
DATABASE

分析解读当下中国发展变迁的高端智库平台

所获荣誉

- 2020年，入选全国新闻出版深度融合发展创新案例
- 2019年，入选国家新闻出版署数字出版精品遴选推荐计划
- 2016年，入选"十三五"国家重点电子出版物出版规划骨干工程
- 2013年，荣获"中国出版政府奖·网络出版物奖"提名奖
- 连续多年荣获中国数字出版博览会"数字出版·优秀品牌"奖

皮书数据库

"社科数托邦"
微信公众号

成为用户

　　登录网址www.pishu.com.cn访问皮书数据库网站或下载皮书数据库APP，通过手机号码验证或邮箱验证即可成为皮书数据库用户。

用户福利

- 已注册用户购书后可免费获赠100元皮书数据库充值卡。刮开充值卡涂层获取充值密码，登录并进入"会员中心"—"在线充值"—"充值卡充值"，充值成功即可购买和查看数据库内容。
- 用户福利最终解释权归社会科学文献出版社所有。

社会科学文献出版社 皮书系列
SOCIAL SCIENCES ACADEMIC PRESS (CHINA)
卡号：858869441777
密码：

数据库服务热线：400-008-6695
数据库服务QQ：2475522410
数据库服务邮箱：database@ssap.cn
图书销售热线：010-59367070/7028
图书服务QQ：1265056568
图书服务邮箱：duzhe@ssap.cn

基本子库
SUB DATABASE

中国社会发展数据库（下设 12 个专题子库）

紧扣人口、政治、外交、法律、教育、医疗卫生、资源环境等 12 个社会发展领域的前沿和热点，全面整合专业著作、智库报告、学术资讯、调研数据等类型资源，帮助用户追踪中国社会发展动态、研究社会发展战略与政策、了解社会热点问题、分析社会发展趋势。

中国经济发展数据库（下设 12 专题子库）

内容涵盖宏观经济、产业经济、工业经济、农业经济、财政金融、房地产经济、城市经济、商业贸易等 12 个重点经济领域，为把握经济运行态势、洞察经济发展规律、研判经济发展趋势、进行经济调控决策提供参考和依据。

中国行业发展数据库（下设 17 个专题子库）

以中国国民经济行业分类为依据，覆盖金融业、旅游业、交通运输业、能源矿产业、制造业等 100 多个行业，跟踪分析国民经济相关行业市场运行状况和政策导向，汇集行业发展前沿资讯，为投资、从业及各种经济决策提供理论支撑和实践指导。

中国区域发展数据库（下设 4 个专题子库）

对中国特定区域内的经济、社会、文化等领域现状与发展情况进行深度分析和预测，涉及省级行政区、城市群、城市、农村等不同维度，研究层级至县及县以下行政区，为学者研究地方经济社会宏观态势、经验模式、发展案例提供支撑，为地方政府决策提供参考。

中国文化传媒数据库（下设 18 个专题子库）

内容覆盖文化产业、新闻传播、电影娱乐、文学艺术、群众文化、图书情报等 18 个重点研究领域，聚焦文化传媒领域发展前沿、热点话题、行业实践，服务用户的教学科研、文化投资、企业规划等需要。

世界经济与国际关系数据库（下设 6 个专题子库）

整合世界经济、国际政治、世界文化与科技、全球性问题、国际组织与国际法、区域研究 6 大领域研究成果，对世界经济形势、国际形势进行连续性深度分析，对年度热点问题进行专题解读，为研判全球发展趋势提供事实和数据支持。

法律声明